Methoden im handlungsorientierten Politikunterricht

Kieser Verlag Neusäß

Günther Gugel
Methoden im handlungsorientierten
Politikunterricht

Bildnachweis:

Burkard Pfeifroth S. 9, 45, 55, 63, 69, 75, 115
Siegfried Scholz S. 65, 71

S. 49: Kulturamt der Stadt Tübingen, Plakat zur Ausstellung „Szenen einer Freundschaft". Tübingen 1994, Ausschnitt
S. 119: dpa
S. 120: ap
S. 128: Städtisches Museum Ludwigsburg: Plakat zur Ausstellung „Ein Stück moderner Kulturgeschichte – Eine Ausstellung über Donald Duck, Micky Maus & Co.", Ludwigsburg 1992, Ausschnitt
S. 134: United Colors of Benetton
S. 136: Der Spiegel, Nr. 22/1995, S. 232
S. 137: Deutsche Gesellschaft für Kartographie (Hrsg.): Ideologie statt Kartographie. Dortmund 1985
S. 144: Steidl-Verlag, Göttingen
S. 147: Wostock-Verlag, Köln
S. 149: Museumspädagogischer Dienst, Hamburg
S. 150: Social Alternatives, Nr. 2/1989
S. 151: Spiegel-Verlag
S. 153: Spiegel-Verlag

Alle übrigen Grafiken und Schaubilder:
Christoph Lang, Rottenburg a. N.

Leider konnten wir nicht alle Rechteinhaber ermitteln. Bitte melden Sie sich im Verlag, wenn wir Abbildungen von Ihnen in diesem Band veröffentlicht haben.

ISBN 3-8242-**0012**-0
1. Auflage 1996
© 1996 Kieser Verlag GmbH, 86356 Neusäß
Alle Rechte vorbehalten.
Dieses Werk, sowie einzelne Teile desselben, sind urheberrechtlich geschützt. Jede Verwendung in anderen als den gesetzlich zugelassenen Fällen ist ohne vorherige schriftliche Einwilligung des Verlages nicht zulässig.

Layout und Satz:
Studio Christoph Lang, Rottenburg a. N.
Druck: Druckerei G.J. Manz AG
04201001

Gedruckt auf Papier, das zu 100 % aus chlorfrei gebleichten Faserstoffen (TCF) hergestellt ist. Säurefrei. Umweltschonend.

Inhalt

Vorwort 5

Zum Umgang mit der Methodensammlung 6

9 Grundlagen

Handlungsorientierung im Politikunterricht	10
Grundsätzliches zu handlungsorientierten Methoden	12
Anforderungen an Methoden	14
Kriterien der Methodenauswahl	16
Lernleistungen und Methoden	17
Zur Rolle der Lehrerin / des Lehrers	18
Regeln für Schülerinnen und Schüler im handlungsorientierten Politikunterricht	21
Zwischenmenschliche Kommunikation und Bildungsarbeit	22
Grundfunktionen der Kommunikation	23
Dimensionen von Kommunikation	24
Die vier Seiten der Nachricht	25
Aufmerksamkeit und Desinteresse	27
Vorsicht beim Sprachgebrauch	28
Berücksichtigung des Geschlechterverhältnisses	30
Stichworte zum Thema „Gruppe"	32
Die psychosoziale Ebene	33
Gruppenphasen	34
Rollenfunktionen in der Gruppe	35
Das Zusammenleben in der Projektgruppe regeln	37
Befürchtungen in Gruppen	38
Was Lernprozesse begünstigt	39
Durchführung einer Unterrichtsreihe oder eines Projektes	41

45 Anfangssituationen

99 Fragen	46
Porträts per Schattenriß	48
Körperumriß	49
Presseschau	51
Mein T-Shirt	52

55 Zwischenbilanz und Auswertung

Klassenszene	56
Projektkritik	57
Blitzlicht	59
Selbstverpflichtungen	60

Inhalt

63 Visualisierungen

Grundsätzliches zur Visualisierung	64
Gestaltungselemente einer Visualisierung	66
Visualisierungsmedien	67
Mind-Mapping	68
Vorstrukturierte Bilder	70
Wandzeitungen	72
Folien	74

75 Aktivierende Methoden

Visionengalerie	76
Brainstorming	78
Streitlinie	80
Positionenspiel	81
Phantasiereise	84
Entscheidungsspiel mit Punkten	87
Ampelspiel	91
Die amerikanische Debatte	93
Prioritätenspiel	94
Umfragen	98
Legenden, Lügen, Vorurteile	101
Spinnwebanalyse	103
Szenarios	107
Polaritätsprofile	111

115 Bildorientierte Methoden

Bildkartei	116
Bilder, die Geschichte machten	119
Identifizieren, Umgang mit Bildern	121
Karikaturen	123
Comics	127
Buttons und Aufkleber	130
Plakate	132
Karten	135
Fotomontagen	144
Collagen	146
Bildvergleiche	148
Titelbilder	151
Umgang mit Symbolen	152

156 Literaturverzeichnis

160 Register

Vorwort

Die vorliegende Sammlung von Methoden und Arbeitshilfen will Anregungen und Unterstützung für einen handlungsorientierten politischen Unterricht geben. Die Sammlung basiert auf einem Methodenpool, der im Verein für Friedenspädagogik Tübingen aufgebaut wurde und laufend aktualisiert wird.

Es wurden vor allem Methoden ausgewählt, die die eigene Reflexion und Stellungnahme der Schülerinnen und Schüler fördern, das eigene Tun unterstützen und zur Übernahme von Eigenverantwortung und politischem Handeln anregen. Da die direkte Verwendbarkeit der Methoden im Unterricht im Vordergrund steht, werden neben den eigentlichen Methodenbeschreibungen und Anwendungshinweisen auch kopierfähiges Arbeitsmaterial und Erfahrungsberichte angeboten. Doch im Politikunterricht sollten nicht die Methoden, sondern die Inhalte im Vordergrund stehen und das Geschehen bestimmen. Um dies zu verdeutlichen werden die dargestellten Methoden schwerpunktmäßig mit Beispielen aus den zentralen Problemfeldern unserer Zeit („Frieden", „Ökologie" und „Menschenrechte") illustriert.

Die erfolgreiche Anwendung von Methoden setzt u. a. ein methodenkritisches Bewußtsein sowie Grundkenntnisse über Kommunikation und Gruppen voraus. Der eigentlichen Methodensammlung ist deshalb ein Grundlagenteil vorangestellt. Ein Methodenband kann zwar Hilfestellung geben, die Realisierung und Erprobung muß jedoch im Unterricht geschehen.

Sonnenbühl, 6. 10. 1995
Günther Gugel

Zum Umgang mit der Methodensammlung

Dieser Methodenband enthält sehr unterschiedliche methodische Anregungen, z. B.
- ▲ Arbeitsblätter, die sofort ohne große Vorbereitung und Vorkenntnisse angewendet werden können;
- ▲ Übungen, die einer gewissen Vorerfahrung bedürfen;
- ▲ Spiele, die nur wenige Minuten dauern
- ▲ Analyseraster, deren Anwendung auch mehrere Stunden beanspruchen können.

Die verschiedenen methodischen Anregungen können in unterschiedlichen Sozialformen, z. B. in Einzel- oder Gruppenarbeit angewendet werden. Um dies kenntlich zu machen, finden sich am Ende jeder Methodenbeschreibung Piktogramme:

 Einzelarbeit

 Partnerinnen- und Partnerarbeit

 Kleingruppen

 Klasse

Piktogramme weisen auch darauf hin, für welche Unterrichtssituation die Methode u. a. geeignet erscheint:

 Initiierung

 Vertiefung

 Auflockerung

 Schluß/Ergebnissicherung

Die Auswahl einer Methode kann über das Inhaltsverzeichnis, das Register am Schluß des Bandes oder auch einfach durch Blättern und Schmökern erfolgen.

Was zu beachten ist

- ▲ Nicht jede Methode paßt zu jeder Lehrerin bzw. jedem Lehrer oder zu jeder Schülergruppe. Deshalb muß gezielt ausgewählt werden.
- ▲ In manchen Fällen ist es sinnvoll, die Methode zunächst selbst als Teilnehmerin oder Teilnehmer zu erleben, bevor sie in der Rolle der Leitung angewendet wird.
- ▲ Die Methoden sind zwar vielfältig angewendet und erprobt, dennoch bieten sie für sich alleine genommen keine Gewähr, daß sie immer „gelingen" und zu den gewünschten Lernerfolgen führen.

Rückmeldebogen

An den
Kieser Verlag
Postfach 1254

86345 Neusäß

Absender _____

Name _____

Schule _____

Anschrift _____

Ich/wir habe/n folgende Methode ausprobiert: _____
_____
_____

Die Methode wurde im Rahmen einer Unterrichtsreihe zu folgendem Thema mit ____ Schülerinnen und Schülern angewendet:
_____
_____

Ich/wir habe/n folgende Erfahrungen gemacht (evtl. gesondertes Blatt verwenden): _____
_____
_____

Ich/wir bin/sind dabei so vorgegangen: _____
_____
_____

Ich/wir habe/n die Methode so verändert: _____
_____
_____

Den Methodenband finde/n ich/wir ... _____
_____
_____

Ich/wir schlage/n folgende Ergänzungen/Änderungen vor ... _____
_____
_____

Ich/wir legen folgende Arbeitsunterlagen, Spielbeschreibungen usw. bei: _____
_____
_____

Vielen Dank für die Mithilfe.

Grundlagen

Handlungsorientierung im Politikunterricht
- Grundsätzliches zu handlungsorientierten Methoden
- Anforderungen an Methoden
- Kriterien der Methodenauswahl
- Lernleistungen und Methoden
- Zur Rolle der Lehrerin / des Lehrers
- Regeln für Schülerinnen und Schüler

Zwischenmenschliche Kommunikation und Bildungsarbeit
- Grundfunktionen der Kommunikation
- Dimensionen von Kommunikation
- Die vier Seiten der Nachricht
- Aufmerksamkeit und Desinteresse
- Vorsicht beim Sprachgebrauch

Berücksichtigung des Geschlechterverhältnisses

Stichworte zum Thema „Gruppe"
- Die psychosoziale Ebene
- Gruppenphasen
- Rollenfunktionen in der Gruppe
- Das Zusammenleben in der Projektgruppe regeln
- Befürchtungen in Gruppen

Was Lernprozesse begünstigt

Die Durchführung eines Projektes oder einer Unterrichtsreihe

Die Anwendung von handlungsorientierten Methoden erfordert ein Grundwissen über:

▲ Grundsätze der Methodenauswahl,
▲ gruppendynamische Prozesse,
▲ Ergebnisse der Kleingruppenforschung,
▲ Regeln der zwischenmenschlichen Kommunikation,
▲ günstige Vorgehensweisen bei der Unterrichtsgestaltung.

Der Grundlagenteil vermittelt hierzu die wichtigsten Informationen und bietet gleichzeitig Materialien an, die in den Unterricht einbezogen werden können.

Handlungsorientierung im Politikunterricht (1)

Handlungsorientierter Politikunterricht wird zunehmend auch an berufsbildenen Schulen praktiziert. Bereits in der Vereinbarung für gewerblich-technische Ausbildungsberufe der Kultusministerkonferenz von 1984 nimmt der handlungsorientierte Unterricht im Rahmen der Methodik einen breiten Raum ein. In allen neuen Richtlinien für den Politikunterricht an berufsbildenden Schulen hat Handlungsorientierung einen zentralen Stellenwert erhalten.

Was ist handlungsorientierter Unterricht?

Handlungsorientierter Politikunterricht befähigt Schülerinnen und Schüler zu reflektiertem politischen Handeln, indem er sie mit konkreten politischen Handlungssituationen und -strategien vertraut macht.

Dies geschieht in einem Lernprozeß der durch eigenes Entdecken, Entscheiden und Gestalten geprägt ist.

Im handlungsorientierten Unterricht steht das selbständige Arbeiten der Schülerinnen und Schüler im Mittelpunkt. Dadurch erhält der Unterricht oft den Charakter eines teilnehmerzentrierten Seminars oder eines Workshops.

Die Lernergebnisse liegen weniger im kognitiven Bereich, als vielmehr im sozial-kommunikativen.

Notwendige Neuorientierungen

Lehrerinnen/Lehrer, Schülerinnen/Schüler und das Thema werden unter anderen Gesichtspunkten als bisher gesehen:

▲ Die Lehrerin / der Lehrer wird
   zum Organisator, Moderator und Begleiter.
▲ Die Schülerinnen und Schüler erhalten
   mehr Mit- und Selbstbestimmung bei Lernprozessen.
▲ Die Auseinandersetzung mit dem Thema
   ist bestimmt durch eine Problem- bzw. Produktorientiertheit.
▲ Die Lernorganisation in der Schule
   tendiert zu fächerübergreifendem, projektorientiertem Lernen und zu einer tendentiellen Öffnung der Schule gegenüber der Lebens- und Arbeitswelt.

Was handlungsorientierten Unterricht oft verhindert:

▲ überfrachtete Lehrpläne;
▲ eine einseitig stofforientierte Ausbildung der Lehrerinnen und Lehrer;
▲ unflexibel eingerichtete Klassenzimmer;
▲ 45-Minuten-Lerneinheiten.

Was handlungsorientierten Unterricht begünstigt:

▲ Zusammenlegen von Stunden;
▲ fächerübergreifendes Arbeiten;
▲ Durchführung von Projekttagen;
▲ Kooperation mit anderen Lehrerinnen und Lehrern bei der Vorbereitung und Durchführung von Unterrichtsreihen;
▲ Zugänglichmachen von erarbeiteten Methoden und Erfahrungsberichten.

Literaturhinweise

Gagel, Walter / Dieter Menne (Hrsg.): Politikunterricht. Handbuch zu den Richtlinien NRW. Düsseldorf 1988.
Kultusministerium Nordrhein-Westfalen (Hrsg.): Richtlinien für den Politikunterricht. 3. Auflage. Düsseldorf 1987.
Niedersächsisches Kultusministerium (Hrsg.): Rahmenrichtlinien für das Unterrichtsfach Politik in berufsbildenden Schulen. Hannover 1993.
Weinbrenner, Peter: Können Richtlinien die Praxis des politischen Unterrichts verändern? Schriften zur Didaktik der Wirtschafts- und Sozialwissenschaften Nr. 40. Bielefeld 1993.

Handlungsorientierung im Politikunterricht (2)

Struktur der Rahmenrichtlinien für das Unterrichtsfach Politik in berufsbildenen Schulen

Das Beispiel Niedersachsen

Didaktische Prinzipien

▲ Arbeits- und Berufsorientierung:
Politischer Unterricht wird auf den in der Ausbildung bzw. Berufsvorbereitung befindlichen Jugendlichen bezogen.
▲ Situationsorientierung:
Situationsbewältigung in Gegenwart und Zukunft, im beruflichen und außerberuflichen Zusammenhängen ist Ziel politischer Bildung.
▲ Problemorientierung:
Das aus der Situationsanalyse gewonnene „Problem", also eine konflikthaltige, kontroverse und lösungsbedürftige gesellschaftliche Frage steht am Anfang des politischen Lernprozesses.
▲ Zukunftsorientierung:
Politische Bildung muß auf die Gestaltung und Sicherung der Zukunft gerichtet sein.

Qualifikationen

Die mit Qualifikationen bezeichneten obersten Lernziele der Rahmenrichtlinien sind als verbindliche Vorgaben des Politik-Unterrichts zu verstehen.

1. Fähigkeit und Bereitschaft, auf der Grundlage der gesellschaftlichen, wirtschaftlichen und politischen Ordnungen eigene Rechte und Interessen zu vertreten, die Interessen anderer zu erkennen und daraus demokratische Verhaltensweisen für die Bewältigung beruflicher und gesellschaftlicher Probleme zu entwickeln.
2. Fähigkeit und Bereitschaft, Möglichkeiten der Teilnahme an gesellschaftlicher Kommunikation zu nutzen und zu erweitern sowie politischen und sozialen Gefährdungen medienvermittelter Kommunikation aktiv entgegenzutreten.
3. Fähigkeit und Bereitschaft, Ursachen und Funktionen von Konflikten zu erkennen, in politischen, wirtschaftlichen und ökologischen Alternativen zu denken und sich an der Austragung von Konflikten mit demokratischen Mitteln zu beteiligen.
4. Fähigkeit und Bereitschaft, durch Entwicklung und Verwirklichung eigener Lebenskonzepte zur beruflichen und privaten Selbstverwirklichung beizutragen und andere Lebenskonzepte zu tolerieren und zu schützen.
5. Fähigkeit und Bereitschaft, für die Integration benachteiligter Gruppen und Personen einzutreten und zur Abwehr persönlicher, beruflicher und kollektiver Risiken beizutragen.
6. Fähigkeit und Bereitschaft, für die Integration und die Eigenständigkeit anderer Nationen, Regionen und Kulturen anzuerkennen, für eine gerechte Friedensordnung für die Interessen benachteiligter Staaten und Regionen einzutreten, auch wenn dadurch Belastungen für die eigene Person und Gesellschaft entstehen.
7. Fähigkeit und Bereitschaft, gegenwärtige und zukünftige Wirtschaftsformen und Lebensgewohnheiten auf ihre Umwelt-, Sozial- und Regionsverträglichkeit zu überprüfen und Verantwortung für die Sicherung und Gestaltung der Lebensbedingungen in der Zukunft mitzuübernehmen.

Politische Handlungsfelder, Schwerpunkte und Themenbereiche

Die Lerninhalte, mit denen die vorgegebenen Qualifikationen erreicht werden können, werden im Rahmen politischer Handlungsfelder dargestellt.
Die Handlungsfelder werden nach Schwerpunkten und Themenbereichen gegliedert, wobei ihre Anordnung dem Prinzip der Horizonterweiterung folgt. Zu den angegebenen Themenschwerpunkten können jeweils andere gleichwertige Themenbereiche hinzukommen oder an deren Stelle gesetzt werden.

1. Arbeitswelt
Schulische Ausbildung – Betriebliche Ausbildung, Berufliche Sozialisation und Kommunikation, Arbeitnehmerinteressen – Arbeitgeberinteressen, Beruf und Umwelt.

2. Privatleben
Lebenskonzepte, Lebensrisiken, Freizeitgestaltung und Freizeitverhalten.

3. Wirtschaft
Wirtschaftsordnungen, Konjunktur und Krisen, Konsumenteninteresse – Produzenteninteresse, Ökonomie und Ökologie.

4. Öffentlichkeit
Information und Meinungsbildung, Wertesystem und sozialer Wandel, Einheit und Vielfalt.

5. Staat
Grundrechte – Menschenrechte, Demokratischer Rechtsstaat – autoritärer Staat, Sozialstaat, Politische Beteiligung, Möglichkeiten und Grenzen staatlichen Umwelthandelns.

6. Die Eine Welt
Leben und Arbeiten in Europa, Internationale Beziehungen, Bedrohung des Weltfriedens, Friedenssicherung.

Niedersächsisches Kultusministerium (Hrsg.): Rahmenrichtlinien für das Unterrichtsfach Politik in berufsbildenden Schulen. Hannover 1993.

Grundsätzliches zu handlungsorientierten Methoden (1)

Die Wirksamkeit und Attraktivität des Politikunterrichts ist nicht zuletzt eine Frage der Methoden. Ansprechende und attraktive Methoden können die Schülerinnen und Schüler motivieren und sie zu einer Auseinandersetzung mit ansonsten häufig als trocken (oder gar langweilig) empfundenen Themen und Problemen veranlassen.

Methoden des handlungsorientierten Politikunterrichts lassen sich grundsätzlich in zwei Formen einteilen:

▲ in Methoden,
die sich auf die sozialpsychologische Ebene beziehen (u. a. auch Interaktion und Kommunikation in Gruppen) und

▲ in Methoden,
die sich auf die Inhaltsvermittlung beziehen.

Methoden sind dabei keine Tricks und Kniffs, um die Schülerinnen und Schüler bei der Stange zu halten. Sie sind auch kein Allheilmittel gegen eine langweilige Unterrichtsgestaltung.

Methoden sind Verfahren, mit deren Hilfe sich alle Beteiligten mit einem Thema so auseinandersetzen, daß sie zu neuen Einsichten und Kompetenzen gelangen können.

Für die Anwendung möglichst vielfältiger und abwechslungsreicher Methoden spricht eine Reihe von Gründen:

▲ Lernen gelingt vor allem dann,
wenn Konzentrations- und Entspannungsphasen sich abwechseln. Die Anwendung unterschiedlicher Methoden kann hierzu einen wichtigen Beitrag leisten.

▲ Nicht alle Schülerinnen und Schüler
setzen sich auf die gleiche Weise mit einem Thema auseinander. Methodenvielfalt kann hier unterschiedliche Lernarten berücksichtigen.

▲ Eintönigkeit und Gleichförmigkeit
(z. B. immer nur reden) ist ermüdend und wirkt demotivierend. Ein Methodenwechsel kann hier neue Impulse bringen.

▲ Nicht nur die Lehrerinnen und Lehrer,
sondern auch die Schülerinnen und Schüler tragen Verantwortung für das Unterrichtsgeschehen. Nur die Anwendung vielfältiger schülerorientierter Methoden ermöglicht ihre starke Einbeziehung in das Unterrichtsgeschehen.

Methoden sind keine Manipulationsinstrumente

Methoden dürfen nicht für Indoktrination oder Manipulationszwecke verwendet werden. Die grundlegenden Prinzipien der politischen Bildungsarbeit, wie sie etwa im sog. „Beutelsbacher Konsens" zusammengefaßt sind, müssen sich auch in den angewandten Methoden niederschlagen:

▲ Das Indoktrinationsverbot:
Es ist nicht erlaubt, die Schülerinnen und Schüler – mit welchen Mitteln auch immer – im Sinne erwünschter Meinungen zu überwältigen und damit an der Gewinnung eines selbständigen Urteils zu hindern.

▲ Das Kontroversegebot:
In der Wissenschaft und Politik ausgetragene Kontroversen müssen auch in der Bildungspraxis kontrovers behandelt werden.

▲ Die Teilnehmerzentrierung:
Die Schülerinnen und Schüler müssen in die Lage versetzt werden, sowohl die politische Situation als auch ihre eigene Situation und Interessenlage zu analysieren sowie nach Mitteln und Wegen zu suchen, die politische Situation im Sinne ihrer Interessenlage zu beeinflußen.

In methodischer Hinsicht folgt daraus, daß Lernformen, die Selbständigkeit und Eigenarbeit fördern, Vorrang haben müssen vor Formen des Belehrens.

Literaturhinweise

Breit, Gotthard / Peter Massing (Hrsg.): Grundfragen und Praxisprobleme der politischen Bildung. Bonn 1992.
Claußen, Bernhard / Birgit Wellie (Hrsg.): Bewältigungen. Politik und politische Bildung im vereinigten Deutschland. Hamburg 1992.
Mickel, Wolfgang W. / Dietrich Zitzlaff (Hrsg.): Handbuch zur politischen Bildung. Opladen 1988.
Schiele, Siegfried / Herbert Schneider (Hrsg.): Konsens und Dissens in der politischen Bildung. Stuttgart 1987.
Schiele, Siegfried (Hrsg.): Politische Bildung als Begegnung. Stuttgart 1988.

Grundsätzliches zu handlungsorientierten Methoden (2)

Methodenkompetenz als Kern des handlungsorientierten Unterrichts

Ein handlungsorientiertes Vorgehen, setzt bei Lehrerinnen/Lehrern ebenso wie bei Schülerinnen und Schülern Offenheit und Experimentierfreudigkeit voraus. Sicherheit im Umgang mit neuen Lernarrangements und Methoden sind nur durch den Erwerb von Methodenkompetenz auf beiden Seiten zu erreichen. Methodenkompetenz beinhaltet dabei mehr als über Kenntnisse einzelner Methoden zu verfügen. Sie umfaßt mindestens fünf Bereiche:

Methoden kennen und gezielt einsetzen

Methodenkompetenz bedeutet die Fähigkeit vielfältige Methoden kritisch und gezielt zur Initiierung, Unterstützung und Auswertung von Lernprozessen einzusetzen. Dies erfordert Kenntnisse über ein breites Spektrum von Methoden, sowie deren Wirkungsbereich aber auch deren Grenzen.

Mit Emotionen umgehen können

Vielen Methoden unterstützen Lernprozesse bei denen nicht nur die Kognition, sondern ebenso starke emotionale Anteile angesprochen werden. Von den Lehrerinnen/Lehrern und den Schülerinnen und Schülern wird hier also verlangt auch mit ihren emotionalen Anteilen förderlich umgehen zu können.

Mit Gruppensituationen umgehen können

Handlungsorientierte Methoden sind sehr häufig (klein-)gruppenorientierte Methoden. Wenn die Frontalsituaton in der Klasse aufgelöst wird, bekommt die Klasse als Gruppe eine andere Dynamik. Diese macht den Umgang miteinander oft spannender, wenngleich nicht unbedingt einfacher.

Kommunikative Kompetenzen

Bei handlungsorientierten Methoden steht die intensive Kommunikation unter- und miteinander im Mittelpunkt. Dies bedeutet u. a. auch das Verstehen und Durchschaubarmachen der Kommunikationsabläufe. Eine wichtige Dimension des Lernprozesses ist also kommunikative Kompetenz zu unterstützen und gezielt zu fördern.

Das Thema nicht aus den Augen verlieren

Methoden entwickeln oft eine Eigendynamik die so spannend ist, daß man den eigentlichen Zweck aus den Augen verlieren könnte. Methoden haben stets „dienende Funktion". Sie unterstützen den Erwerb von Grundqualifikationen, von politischer und sozialer Kompetenz und sind deshalb im Rahmen des Politikunterrichts im Zusammenhang mit dem Thema zu sehen.

Methodenlernen im Politikunterricht

Nicht nur Lehrerinnen und Lehrer, sondern auch Schülerinnen und Schüler sollen Methodenkompetenz erwerben. D. h., sie sollen befähigt werden, selbständig Informationen zu beschaffen und zu überprüfen, mit Texten und Bildern kritisch umzugehen, grundlegende Regeln in der Gruppenarbeit selbständig anzuwenden, Ergebnisse von Partner- oder Gruppenarbeit anschaulich und verständlich in der Klasse zu präsentieren usw.

Das Ziel von Methodenlernen ist,

▲ Grundtechniken des Umgangs mit Informationen und Ereignissen in verschiedenen Situationen anwenden zu können,

▲ mit und in verschiedenen Gruppen selbständig arbeiten und handeln zu lernen sowie

▲ vielfältige Methoden als Hilfsmittel für den eigenen und gemeinsamen Erkenntnisgewinn einzusetzen um auf diesem Hintergrund zu einem bewußt reflektierten und verantworteten politischen Handeln zu gelangen.

Dabei stehen auch bei Schülerinnen und Schülern nicht nur die Inhalte im Vordergrund, sondern auch und wesentlich die Art der (Unterrichts-)Kommunikation. Ein wesentliches Element des Methodenlernens ist die gemeinsame Reflexion (Metakommunikation) des Unterrichtsgeschehens.
Methodenlernen zielt auf die Entwicklung der eigenen Persönlichkeit der Schülerinnen und Schüler sowie auf die Praktizierung von Selbst- und Mitbestimmung.

Grundlagen

Anforderungen an Methoden (1)

Auswahl und Anwendung von Methoden müssen in drei Bereichen Mindeststandards erfüllen: auf der fachlichen, der pädagogischen und der methodenkritischen Ebene.

1. Fachliche Ebene

Methoden sind nicht inhaltsneutral einsetzbar. Ihre Auswahl und Anwendung wird zum einen durch die Schülerinnen und Schüler, zum anderen durch die zu vermittelnden Inhalte und Ziele bestimmt. Auf der inhaltlichen (fachlichen) Seite müssen die angewendeten Methoden gewährleisten, daß sie nicht verfälschen und auch nicht zu sehr verkürzen.

Deshalb ist zu fragen:
- ▲ Entsprechen
die Inhalte dem Stand der Wissenschaft?
- ▲ Werden Gegenpositionen
ausdrücklich und fair einbezogen?
- ▲ Werden Begründungszusammenhänge
und Ableitungen mitgeliefert?
- ▲ Wird die Abhängigkeit der Inhalte
von Weltbildern (ideologischen Systemen) durchschaubar gemacht?

2. Pädagogische Ebene

Auf der pädagogischen Ebene müssen die Grundsätze einer emanzipatorischen Bildungsarbeit berücksichtigt werden:

- ▲ Knüpfen die Inhalte und Methoden
an Vorwissen, Einstellungen und Verhaltenserwartungen der Schülerinnen und Schüler an?
- ▲ Werden die spezifischen Bedingungen
der Zusammensetzung der Schülerinnen und Schüler bei der Methodenauswahl berücksichtigt?
- ▲ Tragen die Methoden dazu bei,
Lernbereitschaft zu wecken und zu erhalten?
- ▲ Fördern die Methoden
Eigeninitiative und selbstorganisierte Lernprozesse?
- ▲ Ermöglichen die Methoden
Selbstreflexion und Handeln?
- ▲ Fördern die Methoden
eine mehrdimensionale Sichtweise von Fragestellungen und Problemen?
- ▲ Sind die Methoden
auf Dialog und Diskurs ausgerichtet?
- ▲ Berücksichtigen die Methoden,
daß Lernen mit „Kopf, Herz und Hand" geschehen soll?
- ▲ Ermöglichen die Methoden eigene
Kompetenzerlebnisse?
- ▲ Sind die Methoden
mit der Offenheit von Lernprozessen anstelle von geschlossenen Lernmodellen vereinbar?
- ▲ Tragen die Methoden dazu bei,
Methodenkompetenz bei den Schülerinnen und Schülern zu entwickeln?

3. Methodenkritische Ebene

Bei aller Vielfalt der Methoden gibt es doch grundlegende Prinzipien, die bei der Vorbereitung und Anwendung zu beachten sind. Hierzu gehören u. a. folgende Prinzipien von Methoden:

- ▲ Die Reduzierung der Komplexität
von Wirklichkeit (exemplarisches Lernen). Die vielfältigen, oft undurchschaubaren Zusammenhänge der Wirklichkeit werden in der Bildungsarbeit exemplarisch auf ihren Grundgehalt zurückgeführt (ohne die Wirklichkeit zu verfälschen).
- ▲ Das Prinzip der Kontrastierung
bzw. Pointierung. Durch Hervorhebung oder Überbetonung lenken Methoden die Aufmerksamkeit der Schülerinnen und Schüler auf bestimmte Gesichtspunkte oder Fragestellungen des Themas.
- ▲ Das Prinzip der Verfremdung
(gedanklichen Distanzierung). Gewohnte oder verfestigte Sichtweisen werden durch ungewohnte Betrachtungsweisen aufgebrochen.
- ▲ Das Prinzip der Anschaulichkeit
(Konkretheit, Visualisierung). Inhalte, Sachverhalte oder Probleme werden aus abstrakten Zusammenhängen gelöst und unmittelbar auf vertraute Sichtweisen und den schon vorhandenen Erfahrungshintergrund bezogen.
- ▲ Das Prinzip des eigenen Tuns (Handelns)
Inhalte werden aufgrund von aktivitäts- (oder erlebnis-) bezogenen Formen der Auseinandersetzung handhabbar.
- ▲ Das Prinzip der Handlungsorientierung
Politischer Unterricht soll durch Inhalte und Methodik letztlich zu kritischem politischen Handeln motivieren und befähigen.

Grundlagen

Anforderungen an Methoden (2)

Grenzen der Anwendung von Methoden

Methoden können fehlende Inhalte nicht ersetzen.

In jedem politischen Unterricht stehen natürlich nicht die Methoden, sondern die Inhalte im Vordergrund. Methoden haben „dienende" Funktionen. Sie müssen die Auseinandersetzung mit dem Thema forcieren und dürfen nicht selbst im Mittelpunkt stehen. Die Anwendung vielfältiger und abwechslungsreicher Methoden darf nicht vom Thema ablenken, sondern muß sich immer im Hinblick auf die Arbeit mit und am Thema messen lassen.

Methoden können bestehende Konflikte nicht überspielen.

Konflikte zwischen Lehrerinnen/Lehrern und Schülerinnen/Schülern tauchen immer wieder auf. Die Anwendung arbeitsintensiver oder spielerischer Methoden darf nicht zu einer Ablenkung oder Überspielung solcher Konflikte führen. Vielmehr müssen in einer solchen Situation Methoden dazu dienen, die Konflikte greifbar und begreifbar und damit bearbeitbar zu machen.

Methoden können mangelnde Kompetenz nicht ausgleichen.

Der Zugriff auf vielfältige Methoden und deren Einsatz im Bildungsbereich kann nicht über mangelnde inhaltliche und methodische Kompetenz hinwegtäuschen. Auch unkonventionelle Methoden garantieren nicht per se einen gelungenen Unterricht. Nur der gekonnte und reflektierte methodische Einsatz, verbunden mit fundierten thematischen Kenntnissen, läßt eine Unterrichtssituation planbar werden.

Methoden sind kein Selbstzweck.

Die Anwendung von kreativen Methoden (vor allem im gestaltenden Bereich) kann u. U. schnell zu einer Gruppeneuphorie oder zu gruppendynamischen Prozessen führen, die von Laien nicht mehr oder nur sehr schwer beherrschbar sind. Um eine solche Eigendynamik zu vermeiden, sollten solche Methoden nie um ihrer selbst willen verwendet werden.

Literaturhinweise

Ackermann, Paul (Hrsg.): Politisches Lernen vor Ort. Außerschulische Lernorte im Politikunterricht. Stuttgart 1988.
Alemann, Ulrich von / Erhard Forndran: Methodik der Politikwissenschaft. Eine Einführung in Arbeitstechniken und Forschungspraxis. Stuttgart 1990.
Bundeszentrale für politische Bildung (Hrsg.): Erfahrungsorientierte Methoden der politischen Bildung. Bonn 1988.
Giesecke, Hermann: Politische Bildung. Didaktik und Methodik für Schule und Jugendarbeit. Weinheim/München 1993.
Henkenkorn, Peter / Wolfgang Sander (Hrsg.): Wider die Langeweile. Neue Lernformen im Politikunterricht. Festschrift für Siegfried George. Schwalbach/Taunus 1993.
Junk, Eberhard: Politische Bildung in Arbeit und Beruf. Die Gestaltung von Arbeits- und Lebenssituationen. Frankfurt/M. 1993.
Meyer, Hilbert: Unterrichtsmethoden. Bd. 1: Theorieband, 5. Auflage. 1992, Band 2: Praxisband, 4. Auflage. Frankfurt/M. 1991.
Mickel, Wolfgang W. / Dieter Zitzlaff (Hrsg.): Methodenvielfalt im politischen Unterricht. Didaktische Reihe der Landeszentrale für politische Bildung Baden-Württemberg. Hannover 1993.
Sander, Wolfgang (Hrsg.): Konzepte der Politikdidaktik. Aktueller Stand, neue Ansätze und Perspektiven. Hannover 1992.
Steinmann, Bodo / Birgit Weber (Hrsg.): Handlungsorientierte Methoden in der Ökonomie. Neusäß 1995.
Will, Hermann (Hrsg.): Mit den Augen lernen. Medien in der Aus- und Weiterbildung. 6 Seminareinheiten im Schuber. Weinheim/Basel 1991.

Kriterien der Methodenauswahl

Sich ein Bild von der Klasse machen

▲ Wie groß ist die Klasse?
▲ Wie ist das Alter der Schülerinnen und Schüler? Gibt es große Altersunterschiede?
▲ Setzt sich die Klasse nur aus Frauen oder nur aus Männern zusammen, oder ist sie geschlechtsgemischt?
▲ Welche Vorerfahrungen bringen die Schülerinnen und Schüler mit?
▲ Aus welchen sozialen Bezügen stammen die Schülerinnen und Schüler?
▲ Welche Arbeitsmarkterfahrung haben die Schülerinnen und Schüler?
▲ Haben die Schülerinnen und Schüler einen gemeinsamen (sozialen, weltanschaulichen, politischen) Hintergrund?

Sich ein Bild vom Umfeld machen

▲ Wieviel Zeit steht zur Verfügung?
▲ Welche Räumlichkeiten stehen zur Verfügung?
▲ Welche technische Ausstattung ist vorhanden?
▲ Was bietet die Umgebung der Schule?

Die Methode und das Thema

▲ Mit welchen Inhalten, Fragestellungen, Problemen soll umgegangen werden?
▲ Welche Aspekte des Inhalts werden durch die geplante Methode besonders hervorgehoben?
▲ Welche Lernziele werden angestrebt?
▲ Welche Lernleistungen werden von den Schülerinnen und Schülern erwartet?
▲ In welcher Phase des Unterrichtsverlaufs soll die Methode eingesetzt werden?
▲ Bestehen Erfahrungen mit der Anwendung der Methode?

Deshalb:
Immer die Methoden auswählen, die zum eigenen Arbeitsstil am besten passen.

Was soll die Methode leisten?

▲ Soll sie zur Auflockerung oder zur Vertiefung beitragen?
▲ Soll sie Einzel-, Gruppen- oder Plenumsarbeit unterstützen und fördern?
▲ Soll sie motivieren oder zusammenfassen?
▲ Welche Lernleistungen soll sie unterstützen?
  – *Informationen beschaffen*
  – *Handlungskriterien entwickeln helfen*
  – *Zusammenhänge entdecken lernen*
  – *Aussagen bewerten und überprüfen helfen*
  – *Eigenes Wissen und Erfahrungen mitteilen helfen*
  – *Zum Handeln befähigen*

Lernleistungen und Methoden

Schülerinnen und Schüler können (und müssen) während einer Unterrichtsreihe eine Vielzahl von Lernleistungen vollziehen. Diesen (notwendigen) Lernleistungen, die in jedem Unterricht anders gewichtet sein können, lassen sich jeweils spezifische Methoden zuordnen. (Siehe Register)

Lernleistung	Themen	Methoden
Informationen beschaffen		
Informationen aufnehmen		
Eigene Empfindungen formulieren		
Argumente, Entwicklungen, Zusammenhänge nachvollziehen		
Ursachen und Hintergründe analysieren		
Entscheidungskriterien nachvollziehen, eigene entwickeln		
Folgen vorausdenken		
Aussagen prüfen und bewerten		
Eigene Standpunkte und Stellungnahmen entwickeln		
Sich und andere kennenlernen		
Eigene Entscheidungen treffen		
Politisches Handeln ermöglichen		

Grundlagen

Zur Rolle der Lehrerin/des Lehrers (1)

Die Lehrerin bzw. der Lehrer ist mit vielfältigen Anforderungen konfrontiert und muß deshalb über spezifische Kenntnisse, Fähigkeiten und Eigenschaften verfügen.

Der Einsatz von und der Umgang mit Methoden kann nicht isoliert gesehen werden, sondern ist Teil des Gesamtverhaltens der Lehrerin/des Lehrers. Lernen findet nur dann statt, wenn die Beteiligten darin keine Bedrohung für ihr Selbst (eigene Person) sehen. Nur solche Dinge werden angenommen und gelernt, die als Erhaltung, Stabilisierung oder Weiterentwicklung der eigenen Persönlichkeit wahrgenommen werden.

Die Grundlagen des Lehrerinnen- und Lehrerverhaltens

Grundlage des Lehrerinnen- und Lehrerverhaltens ist die Bereitschaft, sich in einer Bildungssituation zu engagieren, sich den Schülerinnen und Schülern mit Geduld und Freundlichkeit zuzuwenden, sich auf sie einzustellen und mit ihnen zusammenzuarbeiten. Ebenso gehört dazu, konstruktive Kritik äußern und solche auch annehmen zu können.

Zusammengefaßt:
- ▲ Auf der emotionalen Ebene
  geht es um die gefühlsmäßige Bejahung der Situation und der Schülerinnen und Schüler.
- ▲ Auf der kognitiven Ebene
  geht es um das Anbieten von Erklärungen und das gemeinsame Lösen von Problemen und Suchen nach Antworten.
- ▲ Auf der Gruppenebene
  geht es um das Erfassen der Gruppenstruktur und die Dynamik der Gruppe, um diese bewußt für den Arbeitsprozeß nutzen zu können.

Die Kenntnis und der Einsatz vielfältiger Methoden ist ein Schlüssel für einen guten Unterrichtsverlauf.

Eine wichtige Fähigkeit der Lehrerinnen und Lehrer ist die Offenheit für Anregungen und andere Meinungen: Offenheit, auch Fehler und Lücken einzugestehen, ohne Angst haben zu müssen, das Gesicht zu verlieren. Und es bedeutet „Machtverzicht", also die eigenen Einflußmöglichkeiten zugunsten eines demokratischen Verhaltens zurückzunehmen. Natürlich haben die Schülerinnen und Schüler für ihre Lernprozesse eigenständig Verantwortung. Die Lehrerinnen und Lehrer haben jedoch die Verantwortung für eine sorgfältige Planung und Durchführung des Unterrichts, für die fachliche Fundierung und die optimale Förderung der Schülerinnen und Schüler.

Aufgaben der Lehrerinnen und Lehrer

Auf die Organisation bezogen

Die Lehrerinnen und Lehrer sollten sich vergewissern, ob alles Notwendige für den geplanten Unterrichtsverlauf verfügbar ist:
- ▲ sind entsprechende Räumlichkeiten
  (Zahl und Ausstattung der Gruppenräume) vorhanden,
- ▲ sind die benötigten Geräte
  (Overhead, Video usw.) verfügbar,
- ▲ steht der Rahmenzeitplan
  (u. a. Stundenstruktur) mit den Methodenanforderungen im Einklang.

Denn eine mangelnde Organisation schlägt sich unmittelbar auf die Arbeit der Schülerinnen und Schüler nieder.

Auf die Schülerinnen und Schüler bezogen

Da Lernen immer dann am besten gelingt, wenn eine persönliche Beziehung zwischen Schülerinnen/Schülern und Lehrerinnen/Lehrern aufgebaut werden kann, ist der Kontakt zu den Schülerinnen und Schülern von großer Wichtigkeit. Kenntnisse über die Herkunft und die Vorerfahrungen der Schülerinnen und Schüler erleichtern hier nicht nur die Vorbereitung, sondern ermöglichen auch ein gezieltes Anknüpfen an die jeweilige Situation.

Während des Schuljahres muß die Lehrerin oder der Lehrer neben dem Thema (dem Arbeitsprozeß) und der Gesamtgruppe auch die einzelne Schülerin und den einzelnen Schüler im Auge haben. Sie muß dabei Angegriffenen und Minderheiten dort, wo es notwendig ist, Unterstützung und Schutz gewähren können. Sie muß die Vielrednerinnen und Vielredner stoppen und die Schweigerinnen und Schweiger einbeziehen. Sie muß einzelnen zuhören und anderen etwas erklären können. Nur Schülerinnen und Schüler, die sich akzeptiert fühlen, werden sich für Lernprozesse öffnen können.

Leitfragen könnten u. a. sein:
- ▲ Welchen Schülerinnen und Schülern
  fühle ich mich besonders verbunden?
- ▲ Kann ich fair mit allen umgehen?
- ▲ Kann ich mich selbst zurücknehmen?

Zur Rolle der Lehrerin / des Lehrers (2)

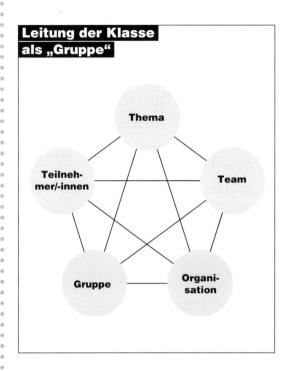

Leitung der Klasse als „Gruppe"

Auf die Schulklasse als Gruppe bezogen

Die Lehrerin/der Lehrer muß den Zusammenhalt und die gemeinsame Arbeit der Klasse fördern, also die emotionale Grundlage für die gemeinsame Arbeit legen. Dies geschieht vor allem dadurch, daß der Austausch zwischen den Schülerinnen und Schülern ermöglicht und gefördert wird.

Schulklassen haben i. d. R. einen klaren Rahmen. Um konstruktiv tätig werden zu können sollte dieser Rahmen nicht nur als vorgegeben betrachtet, sondern (in einem fortgeschrittenen Stadium des Unterrichts) auch mit den Schülerinnen und Schülern bewußt gestaltet werden (Anfangszeiten, Umbau der Räumlichkeiten, neue variable Pausenregelungen usw.)

Lernwiderstände, die sich häufig in Zuspätkommen, Unruhe, häufigen Pausen usw. äußern, sollten erkannt, mit den Schülerinnen und Schülern besprochen und nach Möglichkeit beseitigt werden.

Die Mitglieder der Klasse müssen nicht nur das Gefühl, sondern auch die Gelegenheit haben, sich an Angelegenheiten zu beteiligen, die sie betreffen.

Auf das Thema bezogen

Die wichtigste Aufgabe der Lehrerin/des Lehrers ist es, das aufgabenzentrierte Arbeiten zu fördern. Störungen dieses Arbeitsprozesses müssen dabei aufgegriffen und bearbeitet werden, um wieder zu einer konzentrierten Arbeitsatmosphäre zurückfinden zu können.

Besonders wichtig für das Begreifen von Zusammenhängen ist es, die Beziehungen zwischen verschiedenen thematischen Teilbereichen herzustellen sowie diese in größere (z. B. historische, interkulturelle) Perspektiven einzuordnen und auch langfristige Entwicklungen deutlich zu machen.

Es kann im Politikunterricht nicht darum gehen, die Meinungen und Einstellungen der Lehrerin/des Lehrers als Maßstab für die Diskussion und das Geschehen zu nehmen. Die Lehrerin/der Lehrer muß bereit sein, eigene Vorstellungen zur Diskussion zu stellen und Toleranz gegenüber anderen zu üben.

Das Aufwerfen von Fragen ist oft wichtiger, als deren Beantwortung, das Interessewecken an einem Thema wichtiger als die Vermittlung von Fakten, das Stimulieren des Denkens und das Fördern von Kreativität wichtiger als das Belehren.

Das gemeinsame Lernen sollte als Suche nach Erkenntis verstanden werden und nicht als Vermittlung letzter Wahrheiten.

Nicht jedes Thema, das die Lehrerin/der Lehrer für wichtig und interessant hält, wird auch von den Schülerinnen und Schülern so gesehen. Aber ein Thema, das von der Lehrerin / dem Lehrer nicht voll akzeptiert wird, hat auch bei den Schülerinnen und Schülern wenig Chancen, auf Gegenliebe zu stoßen.

Leitfragen für die Lehrerin/den Lehrer könnten u. a. sein:

▲ Warum interessiert mich gerade dieses Thema (nicht)?
▲ Welchen persönlichen Bezug habe ich dazu?
▲ Welche Vorerfahrungen habe ich damit gemacht?
▲ Mit welchen thematischen Aspekten muß ich mich noch befassen?

Grundlagen

Zur Rolle der Lehrerin / des Lehrers (3)

Auf Team-Teaching bezogen

Bei entsprechender Unterrichtsorganisation läßt sich vor allem an Vollzeitberufsschulen (im Rahmen eines fächerübergreifenden Unterrichts oder Projektes) die Möglichkeit des Team-Teachings praktizieren. Hier sind dann vor Beginn einige Fragen zu klären:

▲ Wie setzt sich das Lehrerteam zusammen? Kennen sich die Beteiligten?
▲ Wo liegen meine Stärken und Schwächen, wo die der anderen?
▲ Wie komme ich mit den anderen Lehrerinnen und Lehrern zurecht?
▲ Welche Differenzen und Konflikte (z. B. Konkurrenz) können beim Lehrerteam entstehen?
▲ Lassen sich unterschiedliche Arbeitsauffassungen des Teams aufeinander abstimmen?
▲ Ist die Möglichkeit einer gemeinsamen Reflexion gegeben?
▲ Wer übernimmt welche Teile des Unterrichts (welche Inhalte, Freizeitangebote usw.)?
▲ Wer übernimmt wann die Moderation?
▲ Wer ist wann anwesend?

Schwierigkeiten und Konflikte in einem Leitungsteam sind eher normal. Es kommt nicht darauf an, sie zu unterdrücken oder nicht zu zeigen, sondern sie konstruktiv auszutragen.

Literaturhinweise

Miller, Reinhold: Lehrer lernen. Ein pädagogisches Arbeitsbuch. 5. überarbeitete Auflage. Weinheim/Basel 1993.
Vopel, Klaus: Handbuch für Gruppenleiter/innen. 6. Auflage, Salzhausen 1992.
Weber, Wolff-Dietrich: Kriterien für gute akademische Lehre. Diskussionsbeiträge zur Ausbildungsforschung und Studienreform. Heft 2/91. Universität Bielefeld, Interdisziplinäres Zentrum für Hochschuldidaktik.

Die Lehrerin / der Lehrer, ein/e ...

Gruppenmotor

Showmadam und Showmaster

Gesprächsleiterin und Gesprächsleiter

Organisatorin und Organisator

Expertin und Experte

Kollegin und Kollege

Klagemauer

Stimmungsmacherin und Stimmungsmacher

Partnerin und Partner

Informationsvermittlerin und Informationsvermittler

Ratgeberin und Ratgeber

Sündenziege und Sündenbock

Blitzableiter

Imitatorin und Imitator

Besserwisserin und Besserwisser

Protokollantin und Protokollant

Lotse

Dirigentin und Dirigent

Prügelmädchen und Prügelknabe

Dienstbotin und Dienstbote

Kontrolleurin und Kontrolleur

Wanderpredigerin und Wanderprediger

Spielleiterin und Spielleiter

Künstlerin und Künstler

Vgl.: Landesinstitut für Schule und Weiterbildung (Hrsg.): Beiträge zur Methodik der Lehrerfortbildung. Soest 1990, S. 18.

Regeln für Schülerinnen und Schüler

1. Damit Sie lernen,

was für Sie das Beste, Wirkungsvollste und Notwendigste ist, müssen Sie ihre Lernbedürfnisse (und ihre Interessen) äußern.

2. Die Verantwortung für das,

was Sie lernen, liegt zu einem großen Teil bei Ihnen selbst. Sie müssen aktiv werden, damit Sie etwas lernen und der Unterricht wenigstens zum Teil Ihre Bedürfnisse befriedigen kann.

3. Es ist sinnvoll und notwendig

für Ihren Lernerfolg, wenn Sie darauf hinweisen, wenn ihnen etwas zu schnell geht, wenn Sie etwas nicht verstanden haben oder wenn Sie etwas unwichtig finden oder ganz anderer Meinung sind.

4. Ziehen Sie sich nicht zurück,

wenn Sie merken, daß auf Ihre Probleme und Bedürfnisse nicht eingegangen wird, sondern äußern Sie sich und überlegen Sie mit den anderen und der Lehrerin bzw. dem Lehrer, wie der Zustand verändert werden kann. Es reicht oft schon zu sagen: „Ich habe mir das anders vorgestellt" oder: „Könnte mir hier jemand weitere Informationen geben" etc.

5. Es ist für das Lernen sinnvoller,

Langeweile oder Ärger nicht zu unterdrücken oder außerhalb des Unterrichts abzureagieren, sondern seine Empfindungen zu äußern und den anderen Schülerinnen und Schülern mitteilen. Vielleicht sind die anderen in einer ähnlichen Lage. Verändert werden kann eine solche oder ähnliche Situation nur, wenn sie sichtbar, d. h. angesprochen wird.

6. Lernen geschieht immer auf zwei Ebenen:

Einmal, indem Inhalte (Stoff) vermittelt und ausgetauscht werden (= Inhaltsebene) und zum anderen, indem durch diese Vermittlung auch Gefühle geprägt und verändert werden (= Gefühlsebene). So z. B. kann Sie manchmal die Art und Weise ärgern, in der eine Lehrerin bzw. ein Lehrer oder eine Mitschülerin bzw. ein Mitschüler redet; oder Sie freuen sich über die Tatsache, daß Sie jemand anspricht oder fragt. Wenn Sie aber ärgerlich sind, können Sie den Lerninhalten nicht mehr soweit folgen, wie Sie es dann könnten, wenn Sie ausgeglichen wären. Deshalb ist es wichtig, auch über die Stimmungen Aussagen zu machen, die beim Lernen auftreten.

7. Meist ist den Schülerinnen und Schülern klar,

daß die Lehrerin oder der Lehrer für sie wichtig ist, es ist ihnen aber nur selten bewußt, daß auch die Lehrerin / der Lehrer in jeder Kurssituation neue Erfahrungen macht und von den Stimmungen der Schülerinnen und Schüler beeinflußt wird.

Vgl. Kh. Geißler / M. Hege: Konzepte sozialpädagogischen Handels. 2. Auflage. München 1991, S. 249 f.

Achtung

Dieses Blatt ist für die Hand der Schülerinnen und Schüler bestimmt.

Grundlagen

Zwischenmenschliche Kommunikation und Bildungsarbeit

Handlungsorientierter Politikunterricht setzt nicht nur themenspezifische Fachkenntnisse und Kenntnisse über Didaktik und Methodik voraus, sondern auch die Beherrschung grundlegender Formen zwischenmenschlicher Kommunikation. Diese Kommunikationsformen bilden die Basis, auf der alle Methoden aufbauen.

Drei Gründe, warum Lehrerinnen und Lehrer, die einen handlungsorientierten Politikunterricht durchführen, sich mit den Grundlagen zwischenmenschlicher Kommunikation und dem Gruppenverhalten vertraut machen sollten:

Das wichtigste Medium im Unterricht ist der Körper des Lehrers

„Der Lehrer sollte seinen Körper häufiger und bewußter als Lehr-Mittel einsetzen: indem er selbst etwas vorträgt, vormacht, vorsingt, vorzeigt, indem er mit seinem Körper und dem der Schüler ein „Standbild" baut, mit dem die eigene Haltung (z. B. zum Thema Rechtsradikalismus) sinnlich-handgreiflich ausgedrückt wird; indem er durch Blickkontakte, durch Gestik, Mimik und Bewegung im Klassenraum provoziert und dramatisiert."

Hilbert Meyer: Das wichtigste Medium im Unterricht ist der Körper des Lehrers. In: Friedrich Verlag (Hrsg.): Friedrich Jahresheft 1993, S. 37.

1. Das eigene Werkzeug

Sich selbst das eigene Werkzeug zu sein heißt, nur das, was zu einem festen Bestandteil der eigenen Persönlichkeit der Lehrerin / des Lehrers geworden ist, kann in zwischenmenschlichen Beziehungen bzw. in Unterrichtssituationen eingesetzt werden. Dies setzt voraus, sich selbst mit den eigenen Reaktionsweisen, Ängsten und Wünschen zu kennen. Sich selbst besser kennenzulernen ist nur auf dem (scheinbaren) Umweg über andere möglich, also durch Auseinandersetzung mit den anderen.

2. Umgang mit Belastungssituationen

Schülerinnen und Schüler sind Menschen mit Sorgen, Nöten, Stimmungen etc. und nicht nur mit einem „Bildungsinteresse". Das heißt, daß neben dem Thema und der Sache immer auch Emotionen und Beziehungen eine Rolle spielen.
Auch Unterricht hat deshalb einen hohen Anteil an Emotionalität, bedeutet Konfrontation mit Konflikten, Gefühlen, Ängsten etc., wenngleich diese Dimension häufig nicht direkt (bzw. nur als Störung) wahrgenommen wird.
Hinzu können evtl. Spannungen im Lehrerkollegium oder -team kommen, was dazu führt, daß solche Situationen und Erlebnisse stark in den eigenen „Privatbereich" hineinwirken und als belastend erlebt werden können.
Zu klären wäre deshalb, wie mit diesen Belastungssituationen adäquat umgegangen werden kann, wo es Möglichkeiten der Aufarbeitung und Entlastung gibt.

3. Bildungsarbeit findet immer in Gruppensituationen statt

Schulklassen sind sozialpsychologisch betrachtet Gruppen. Sie zeigen die gleichen Reaktionsweisen wie andere (Groß-)Gruppen auch. Sie bilden Rangfolgen und Rollen aus, sie etablieren Normen und durchlaufen bestimmte Entwicklungsphasen.
Um die Phänomene, die in der Klasse auftreten richtig einschätzen und für den eigenen Politikunterricht fruchtbar machen zu können bedarf es der bewußten Erfahrung und des Wissens über die Dynamik von Gruppen. Hierzu können die Ergebnisse der (Klein-)Gruppenforschung wichtige Informationen liefern. Ferner sollten die eigenen Verhaltens- und Reaktionsweisen in Gruppen (und Klassen) immer wieder vergegenwärtigt und kritisch reflektiert werden.

Grundfunktionen der Kommunikation

Ausloten der Macht

In vielen Kommunikationssituationen (also auch im politischen Unterricht) versuchen die Schülerinnen und Schüler, die Kontrolle über die Situation und die anderen zu erlangen. Dies geschieht durch (bewußte oder unbewußte, verbale oder nonverbale) Beeinflussung der anderen.
Solche Kontrollversuche können sich ausdrücken in:
- ▲ viel reden,
- ▲ viel fragen,
- ▲ wenig von sich zeigen,
- ▲ direktem (demonstrativem) Blickkontakt,
- ▲ betont lockerer Haltung,
- ▲ starker Steuerung des Gesprächs,
- ▲ Unterbrechen des Gegenübers,
- ▲ abrupter Beendigung des Gesprächs,
- ▲ ...

Auch soziale Sprachstile unterstützen solche Kontrollversuche: Ein großer und differenzierter Wortschatz, hohe Sprechgeschwindigkeit, gute Aussprache sowie eine korrekte Hochsprache werden z. B. allgemein mit Kompetenz und hohem sozialem Status in Verbindung gebracht. Dies heißt auch, daß diese Merkmale bewußt zur Beeinflussung der anderen eingesetzt werden (können).

Die richtige Nähe finden

Die mit der Kommunikation verbundene Aufnahme sozialer Beziehungen hat immer auch eine Dimension von Nähe und Distanz, von Zuneigung und Ablehnung.
Dies kommt u. a. durch Blickkontakt (oder Vermeidung von Blickkontakt), offene (oder geschlossene) Körperhaltung, das Einbeziehen (oder Vermeiden) privater Themen zum Ausdruck.

Welches Maß an Nähe bzw. Distanz als „normal" betrachtet wird, hängt dabei von der Art der Beziehung ab (Eltern — Kind, Lehrer — Schüler, Freund — Freundin ...).
Nähe drückt sich oft darin aus, daß jemandem bewußt Informationen über sich selbst zur Verfügung gestellt werden, die dem anderen normalerweise in dieser Situation nicht zur Verfügung stehen (z. B. durch erzählen, Zimmer zeigen, Freunde vorstellen, ins Elternhaus mitnehmen etc.).
Diese Selbstenthüllung ist jedoch mit der Forderung nach angemessener Erwiderung verbunden. Die dahinterstehende Absicht ist, eine positive Wertschätzung für das eigene Selbst zu schaffen.

Vgl. Wiemann/Giles: Interpersonelle Kommunikation als Grundlage aller Beziehungen des Lebens. In: Stroebe u. a.: Sozialpsychologie. Berlin u. a. 1990, S. 209–231.

Merke:

Die gemeinsame Definition (Einigung) über die Fragen der Kontrolle und der Nähe entscheiden darüber, ob eine Kommunikationssituation als befriedigend (gelungen) erlebt wird.

Grundlagen

Dimensionen von Kommunikation

Immer, wenn wir mit anderen zusammen sind, teilen wir diesen (bewußt oder unbewußt, gewollt oder ungewollt) etwas mit und empfangen gleichzeitig von ihnen Mitteilungen.

Als grundlegende Eigenschaften von Kommunikation kann man in Anlehnung an Paul Watzlawik folgende Punkte sehen:

Es ist unmöglich, nicht zu kommunizieren

Wer redet, teilt etwas mit, wer schweigt ebenfalls. Verhalten hat kein Gegenteil, man kann sich nicht „nicht" verhalten. Auch wer sich zurückzieht und nicht angesprochen werden möchte, vermittelt eine Botschaft, nämlich „Ich möchte in Ruhe gelassen werden".

Kommunikation hat immer zwei Ebenen

Der Inhalt, das was gesagt wird, wird gewöhnlich mit Worten ausgedrückt. Gleichzeitig vermittelt jedoch das gesamte Ausdrucksverhalten, die Mimik und Gestik und der Tonfall, wie das Gesagte aufgefaßt werden soll. Der Inhaltsaspekt bezeichnet also das „Was" der Kommunikation, der Beziehungsaspekt das „Wie".

Wenn der Inhalts- und Beziehungsaspekt mit ihren Botschaften nicht übereinstimmen, gibt es Störungen und Probleme. (In einem gelangweilten Tonfall alle Schülerinnen und Schüler zu diesem spannenden Unterrichtsprojekt herzlich willkommen zu heißen, zeigt z. B. allen, wo die Lehrerin / der Lehrer emotional steht.)

Häufig kommt es gerade im politischen Unterricht vor, daß Beziehungsprobleme über Sachfragen ausgetragen werden. Die Hintergründe einer scheinbar sachlichen Auseinandersetzung können z. B. in einer ungeklärten (Konkurrenz-)Beziehung liegen.

Menschliche Kommunikation ist doppelgleisig

Wenn Menschen sich austauschen, so geschieht dies normalerweise über Sprache (Worte und Begriffe). Gleichzeitig drücken sie sich jedoch auch nonverbal durch ihre Mimik und Gestik, durch ihre Art zu sprechen, zu sitzen, zu gehen aus. Diese Ausdruckssprache ist unmittelbarer als die Begriffssprache mit Worten. Sie vermittelt vor allem Stimmungen und Gefühle. Sie gibt der Lehrerin / dem Lehrer viele Informationen über das, was wirklich geschieht, bei den Schülerinnen und Schülern wirklich vor sich geht.

Kommunikationsabläufe sind symmetrisch oder komplementär

Wenn Menschen symmetrisch kommunizieren, tun und sagen sie in etwa das, was die andere bzw. der andere auch tut und sagt. Symmetrische Kommunikation ist Ausdruck eines Strebens nach Gleichheit.

Komplementäre Kommunikation beruht dagegen auf Unterschieden. Das Verhalten der Partnerinnen und Partner ergänzt sich gegenseitig. Beide Seiten können und dürfen sich nicht auf der gleichen Ebene begegnen. Ein Schülerin oder ein Schüler kann z. B. mit einer Lehrerin bzw. einem Lehrer i. d. R. nicht auf die gleiche Art und Weise sprechen, wie diese bzw. dieser mit ihr oder ihm. Das Verhalten des einen ist also für den anderen nicht möglich.

Während in symmetrischen Beziehungen Konflikte offen angesprochen und ausgetragen werden können, ist dies bei komplementären Beziehungen oft nur schwer möglich.

Vgl. Paul Watzlawik u. a.: Menschliche Kommunikation. Formen, Störungen, Paradoxien. Bern 1969.
Otto Marmet: Ich und du und so weiter. Kleine Einführung in die Sozialpsychologie. München/Weinheim 1988, S. 13–18.

Was verschweigt man, wenn man etwas sagt?

Was sagt man, um etwas verschweigen zu können?

Wie kann man von Gesagtem auf Verschwiegenes schließen?

Martin Walser: Brandung. Frankfurt/M. 1985.

Merke:

Kommunikation ist mehr als der Austausch von Worten und Inhalten.

Die vier Seiten der Nachricht (1)

Jede Nachricht (Information, Kommunikation) beinhaltet neben der Inhalts- und Beziehungsseite noch zwei weitere wichtige Aspekte, die Selbstoffenbarung und den Appell.

Dieses Modell wurde von dem Hamburger Kommunikationswissenschaftler Friedemann Schulz von Thun entwickelt.

Der Sachinhalt

Zunächst beinhaltet eine Nachricht eine Sachinformation (Darstellung von Sachverhalten). Dies ist der auf ein Sachziel bezogene Austausch von Informationen und Argumenten, das Abwägen und Entscheiden.

Frage:
Wie kann ich Sachverhalte klar und verständlich darstellen?

Die Selbstoffenbarung

In jeder Nachricht stecken nicht nur Informationen über die mitgeteilten Sachinhalte, sondern auch Informationen über die Person, die spricht. Mit dem Begriff Selbstoffenbarung soll sowohl die gewollte Selbstdarstellung als auch die unfreiwillige Selbstenthüllung eingeschlossen werden.

Frage:
Wie kann ich echt und authentisch mit anderen umgehen?

Die Beziehung

Aus jeder Nachricht geht hervor, wie der Sender zum Empfänger steht, was er von ihm hält. Oft zeigt sich dies in der gewählten Formulierung und im Tonfall und anderen nicht-sprachlichen Begleitsignalen. Für diese Seite der Nachricht ist der Empfänger besonders empfindlich; denn hier fühlt er sich als Person in bestimmter Weise behandelt (oder mißhandelt).

Frage:
Wie kann ich die Beziehung zu den anderen formulieren?

Der Appell

Es wird kaum etwas nur so gesagt – fast alle Nachrichten haben den Zweck oder die tatsächliche Wirkung, auf den anderen Einfluß zu nehmen. Der Appell-Aspekt ist vom Beziehungsaspekt zu unterscheiden. Denn den gleichen Appell kann man ganz verschieden senden: der Empfänger kann sich vollwertig oder herabsetzend behandelt fühlen.

Frage:
Sind mir meine eigenen Appelle an die anderen klar?

Da alle vier Seiten immer gleichzeitig im Spiele sind, muß der „kommunikationsfähige Sender" sie sozusagen alle beherrschen. Einseitige Beherrschung stiftet Kommunikationsstörungen. So nützt es z. B. wenig, sachlich recht zu haben, wenn man gleichzeitig auf der Beziehungsseite Unheil stiftet.

Grundlagen

Die vier Seiten der Nachricht (2)

Die Sicht des Gegenübers

Betrachtet man die vier Seiten der Nachricht aus der Sicht des Gegenübers, so ist, je nachdem auf welcher Seite er/sie hört, seine/ihre Empfangstätigkeit eine andere:

▲ Er/Sie versucht, den Sachinhalt zu verstehen.
▲ Sobald er/sie die Nachricht auf die Selbstoffenbarungsseite hin abklopft, ist er/sie personaldiagnostisch tätig: „Was ist das für einer?".
▲ Durch die Beziehungsseite ist die Empfängerin bzw. der Empfänger persönlich betroffen: „Wie steht der Sender zu mir?".
▲ Die Auswertung der Appell-Seite schließlich geschieht unter der Fragestellung „Wo will er/sie mich hinhaben?".

Was zwischenmenschliche Kommunikation so kompliziert macht, ist: Der Empfänger hat prinzipiell die freie Auswahl, auf welche Seite der Nachricht er reagieren will.
Auch Schülerinnen und Schüler haben diese Wahl, „nur" auf eine Seite der Nachricht zu hören.
Wird im politischen Unterricht nur und ausschließlich über Inhalte gesprochen, so wird man der Komplexität menschlicher Kommunikation nicht gerecht.

Vgl. Friedemann Schultz von Thun: Miteinander reden: Störungen und Klärungen. Psychologie der zwischenmenschlichen Kommunikation. Reinbek 1981.
Ders.: Miteinander reden 2. Stile, Werte und Persönlichkeitsentwicklung. Reinbek 1989.

Ein Beispiel

Eine Schülerin fragt: „Was heißt Axiom?" Die Lehrerin antwortet: „Mein Gott, wenn Du das nicht weißt, bist Du hier fehl am Platze!"
Nehmen wir an, die Schülerin habe eine reine Informationsfrage stellen wollen (der Begriff ist ihr unbekannt). Die Antwort der Lehrerin war jedoch auf den Beziehungsteil der Nachricht gerichtet.
Komplizierter wäre es gewesen, wenn die Lehrerin – innerlich wütend und verletzt, da die betreffende Schülerin schon öfter scheinbar unpassende Fragen stellte, aber dennoch bemüht, sachlich zu bleiben – knapp geantwortet hätte: „Das heißt Grundannahme". Weder für die Schülerin noch für die Lehrerin, noch für einen Außenstehenden wäre offenkundig, daß sich hier ein Mißverständnis ereignet hat.

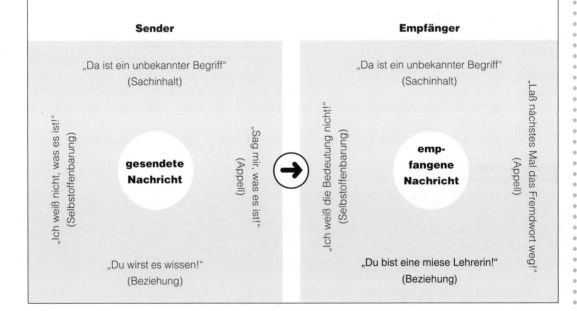

Aufmerksamkeit und Desinteresse

Signale, die Aufmerksamkeit anzeigen

▲ Den Körper zuwenden

▲ Kopfnicken

▲ Blickkontakt

▲ Freundliches Lächeln

▲ Äußerungen, wie „Ja" und „hm"

▲ Wiedergabe einer Aussage mit eigenen Worten

▲ Verbalisierung emotionaler Anteile einer Aussage

Signale, die Desinteresse und Nichtverstehen anzeigen

▲ Blick abwenden

▲ Sich zurückziehen

▲ Arme verschränken, sich zurücklehnen

▲ Andere ausfragen

▲ Mit anderen tuscheln

▲ Permanentes Auf's-Klo-Gehen

▲ Längeres oder sich wiederholendes Zum-Fenster-Hinausschauen

▲ Wiederholtes Zuspätkommen

Was Schülerinnen und Schüler bei Lehrerinnen und Lehrern als störend empfinden

▲ Schaut dauernd auf die Uhr

▲ Wirkt unter Zeitdruck

▲ Wirkt abgelenkt / blättert in Papieren

▲ Vermeidet Blickkontakt

▲ Ablehnender Gesichtsausdruck / Körperhaltung

▲ Weiß auf jede Frage eine Antwort

▲ Beantwortet alle Fragen gleich selbst

▲ Themen werden ohne Erklärung gewechselt

▲ Stellt Fragen, ohne Begründungen mitzuliefern

▲ Redet selbst am meisten

▲ Wertet, moralisiert, interpretiert

Grundlagen

Vorsicht beim Sprachgebrauch (1)

Der Sprachgebrauch sollte von einem sensiblen Umgang mit Bezeichnungen und Begriffen gekennzeichnet sein.

Insbesondere sollte auf vier Phänome besonders geachtet werden:

1. Vermeidung sexistischer Wendungen;
2. Vermeidung einer gewaltförmigen Ausdrucksweise;
3. Unkritische Übernahme von Begriffen und Definitionen;
4. Vermeidung von „Killerphrasen".

1. Vermeidung sexistischer Wendungen

Die Sensibilität für die sprachliche Behandlung von Frauen und Männern ist in den letzten Jahren erheblich gestiegen. Im politischen Unterricht sollten entweder geschlechtsneutrale Formulierungen oder Formulierungen verwendet werden, die Frauen und Männer gleich ansprechen und behandeln.

Zu beachten ist z. B., daß

▲ bei Personenbezeichnungen
  beide Gruppen angesprochen werden: Schülerinnen und Schüler,
▲ diskriminierende und ausschließende Wörter vermieden werden: z. B. Fräulein,
▲ bei Titel und Berufsbezeichnungen
  nicht nur die männlichen Formen verwendet werden: Doktor, Professor, Techniker ...,
▲ bei Pronomen wie „man", „jemand" usw. nicht nur die männliche Seite benannt wird.

2. Vermeidung gewaltförmiger Ausdrucksweisen

Immer noch werden auch im politischen Unterricht militärische Begriffe verwendet, die in einer demokratischen, zivilen Gesellschaft nichts mehr zu suchen haben. Alle diese Begriffe lassen sich auch anders, positiver ausdrücken und zudem wird durch die andere Ausdrucksweise den Schülerinnen und Schülern gegenüber eine Wertschätzung vermittelt. Die Lehrerin bzw. der Lehrer sollte sich also beobachten, welchen Wortschatz sie bzw. er unbewußt benützt und nach entsprechenden Korrekturen suchen.

Begriffe wie Frontalangriff, Preiskampf, Schnellschuß, Untergebener, Verteidigungsstellung, Vorstoß, Werbefeldzug, Zielgruppe, ein schweres Geschütz auffahren, gut gerüstet sein, gezielt zurückschlagen, bombardieren, todsicher, in den Clinch gehen, gut geschlagen haben usw. sollten nicht verwendet werden.

3. Vermeidung unkritischer Übernahme von Begriffen und Definitionen

Im Alltagssprachgebrauch ebenso wie im politischen Sprachgebrauch haben sich eine Reihe von Begriffen eingebürgert, die eher Stimmungen vermitteln als genau beschreiben. Diese Begriffe sollten untersucht und vermieden bzw. korrekt benannt werden.

So ist es z. B. üblich, aber unkorrekt bzw. diskriminierend, wenn Asylbewerber als Asylanten oder Sinti und Roma als Zigeuner bezeichnet werden.

Vorsicht bei Begriffen wie z. B.:

Humane Waffen

Rest-Risiken

Entsorgung

Sondermüll

Sondertechnik

Finaler Rettungsschuß

Harmonisierung von Gesetzen

Freisetzung

Altlast

Vorsicht beim Sprachgebrauch (2)

4. Vermeidung von Killerphrasen

Killerphrasen verhindern einen Austausch und ein echtes Gespräch, indem sie die andere bzw. den anderen abblocken. Solche Killerphrasen sind z. B.:

Das geht hier nicht.

Dafür ist die Zeit zu knapp.

Das kann ich jetzt nicht erklären.

Dafür ist die Gruppe zu neu.

Das haben wir schon oft versucht.

Davor müssen wir aber noch erledigen ...

Was soll da schwierig sein?

Das war noch nie so.

Das können wir den anderen nicht zumuten.

Das ist doch gar nicht erlaubt.

Das macht zu viel Arbeit

Das kann ich mit meinen Schülerinnen und Schülern nicht machen.

Das ist gegen die Schulordnung.

Killerphrasen und sprachliche Entgleisungen sind oft Hilferufe in Situationen die als unübersichtlich oder überfordernd empfunden werden.

Die Sprache und Ausdrucksweise muß der inneren Einstellung entsprechen. Nur dann kommt sie auch so an, wie sie gemeint ist.

Nur Entgleisungen?

Setz dich!

Dreh dich um!

Laß das sein!

Hör auf!

Ruhe!

Paß besser auf!

Die nächste Arbeit kommt bestimmt!

Ich werfe dich gleich raus!

Es ist immer dasselbe!

Deine Meinung ist nicht gefragt!

„Asylant" – ein Schimpfwort

Der Begriff „Asylant" wird zwar in der öffentlichen Diskussion laufend verwendet, ist jedoch nicht nur diskriminierend, sondern auch unpräzise, da er nicht genügend zwischen Asylbewerbern, Asylberechtigten und anderen Flüchtlingsgruppen unterscheidet. Laut Duden bezeichnet der Begriff **Asylant** den Asylbewerber. Der Begriff **Flüchtling** stellt eine moralische und soziale Aufgabe und Herausforderung dar. Der Begriff **Asylant** (häufig verbunden mit „Schwemme") suggeriert eine unzumutbare, nicht mehr zu verkraftende Belastung.

Entstanden ist der Begriff **Asylant** anstelle von **Flüchtling** und **Verfolgter** vermutlich 1973 im Dienstgebrauch der Ausländerbehörden und wurde seit Ende der 70er Jahre zunehmend von der Presse aufgegriffen, bis er sich in allen gesellschaftlichen Bereichen, vor allem aber in der Politik durchsetzte. Das neue Wort rief von Anfang an negative Assoziationen und Bilder hervor: Asylantenströme, Asylantenfluten, Asylantenschwemme usw.

Vgl. Jürgen Link: Asylanten – ein Schimpfwort. In: Heiko Kauffmann (Hrsg.): Kein Asyl bei den Deutschen. Reinbek 1986, S. 55–59.

Literaturhinweise

Burghardt, **Armin u. a.**: Sprache zwischen Militär und Frieden. Aufrüstung der Begriffe. Tübingen 1989.

Hellinger, Ute / Christine Bierbach: Eine Sprache für beide Geschlechter. Richtlinien für einen nichtsexistischen Sprachgebrauch. Deutsche UNESCO Kommission, Bonn 1993.

Müller, Sigrid / Claudia Fuchs: Handbuch zur nichtsexistischen Sprachverwendung in öffentlichen Texten. Frankfurt 1993.

Padiersbsky, Fritz: Krieg und Frieden in der Sprache. Frankfurt/M. 1983.

Pusch, Luise F.: Das Deutsche als Männersprache. Frankfurt/M. 1984.

Schau, Albrecht: Von AWACS bis Zwangsanleihe. ABC aktueller Schlagwörter. Göttingen 1985.

Trömel-Plötz, Senta: Frauensprache: Sprache der Veränderung. Frankfurt/M. 1982.

Trömel-Plötz, Senta: Gewalt durch Sprache. Frankfurt/M. 1984.

Berücksichtigung des Geschlechtsverhältnisses (1)

Männer und Frauen gleichmäßig beachten und einbeziehen

Schülerinnen und Schüler sind keine geschlechtsneutralen Wesen. Das Wissen über und die Beachtung von unterschiedlichen Weltsichten, Verarbeitungsweisen und Verantwortlichkeiten von Männern und Frauen ist für den politischen Unterricht von großer Bedeutung.

Deshalb ist eine aufmerksame und bewußte Haltung gegenüber ihren jeweiligen spezifischen Beiträgen, Eigenarten und Interessen von Frauen und Männern angezeigt.

Schülerinnen und Schüler können dabei lernen, die ihnen gesellschaftlich zugewiesenen Muster und Rollen bewußt wahrzunehmen, diese zu reflektieren und gegebenenfalls zu verändern.

Politischer Unterricht kann hierzu einen Beitrag leisten, wenn bestehende Rollen und Verhaltensmuster und die mit ihnen verbundenen Probleme für Männer und Frauen in den Unterricht einbezogen und sichtbar (gemacht) werden, so daß eine bewußte Auseinandersetzung und Bearbeitung möglich wird.

Die Lehrerin / der Lehrer sollten sich dabei zunächst auch über ihre eigenen Sichtweisen klar werden. Dies kann nur geschehen, wenn man sich auch die Relativität des eigenen Wertesystems vergegenwärtigt.

Gibt es zwischen Männern und Frauen Unterschiede im Sozialcharakter?

Im gesamten Bereich des Denkens, Handelns und Fühlens sind Unterschiede zwischen den Geschlechtern festzustellen. Untersuchungen weisen darauf hin,

▲ daß weibliche Formen des Denkens und der Erkenntnis eher auf sinnlicher Erfahrung beruhen und weniger auf abstrakten Gedankengebäuden. Frauen lassen es eher zu, daß Denken und Gefühl gleichzeitig stattfinden können und daß auch (scheinbare) Gegensätze nebeneinander existieren; damit sind sie ganzheitlicher in ihrem Denken und in ihrer Weltsicht.

▲ Im Bereich der sozialen Beziehungen agieren Männer anders als Frauen: Männer erleben soziale Beziehungen zu andern eher als ein Verhältnis von Konkurrenz bis Feindschaft, so lange bis die Frage von Dominanz oder Unterordnung geklärt ist. Frauen sind eher darin trainiert, auszugleichen.

▲ In der Moralentwicklung sind gravierende Unterschiede festzustellen: Untersuchungen über weibliche Moralvorstellungen haben gezeigt, daß Frauen in konflikthaften Situationen ihre Entscheidung eher aufgrund von Empathie und Mitgefühl sowie mit Rücksicht auf Verantwortung und Bindungen innerhalb eines Beziehungsgeflechtes treffen. Männer entscheiden dagegen eher nach einer Moral des formalen Rechts und orientieren sich an hierarchischen Ordnungen.

Geschlechtsspezifische Stereotypen

In Medien, Politik und Gesellschaft werden die Männer- und Frauenrollen in weiten Bereichen von Stereotypen geprägt. Männer gelten als diejenigen, die Schlachtpläne entwerfen, das Vaterland verteidigen, die über (militärische und wirtschaftliche) Macht verfügen und auch die Ausdrucksformen in der Sprache dominieren. Sie gelten als Täter, die Gewalt anwenden und Kriege anzetteln. Frauen hingegen sorgen für das Wohlergehen zu Hause und sind für die Kinder zuständig. Sie sind es, die Konflikte schlichten, Streitereien ausgleichen und auf Harmonie und Fürsorge bedacht sind. Und: sie gelten als Opfer, die unter Gewalt und Krieg leiden.

Die friedfertige Frau: Nur ein Mythos?

Bei allen körperlichen Formen aggressiven Verhaltens sind Männer eindeutig als Täter erheblich öfter beteiligt, während Frauen bei Gewaltakten tatsächlich in der Opferrolle sind. Doch dies ist noch kein Beleg dafür, daß Männer tatsächlich aggressiver sind. Denn ebensogut wäre es möglich, daß Frauen nur andere, subtilere Formen der Gewalt anwenden oder ihre Aggressionshandlungen weniger nach außen als vielmehr gegen sich selbst richten. Trotz dieses Einwandes ist heute in der Psychologie nicht die These strittig, daß es Geschlechtsunterschiede im aggressiven Verhalten gibt, sondern die Frage, wodurch diese zustande kommen. Verschiedene Autorinnen und Autoren nehmen biologisch festgelegte Unterschiede an, da Männer in allen Kulturen aggressiver seien als Frauen. Andere bringen diese Unterschiede zu Recht in Verbindung mit geschlechtsrollenspezifischen Erwartungen und Sozialisationseinflüssen. Von Jungen werden aggressive Handlungen erwartet und belohnt, während zum Rollenverständnis der Mädchen eher Hilfsbereitschaft und Sanftmut gehören. Dabei muß auch gesehen werden, daß traditionelle Frauenrollen die Möglichkeit bieten andere für sich kämpfen zu lassen.

Berücksichtigung des Geschlechtsverhältnisses (2)

Die „Mittäterschaft" der Frauen

Männer sind in Wirtschaft und Politik die eigentlichen Entscheidungsträger und haben die Entwicklungen im technischen, wirtschaftlichen, militärischen und ökologischen Bereich wesentlich zu verantworten. Doch sind Frauen deshalb bereits nur die Marionetten in einem von Männern inszeniertem Theater der Zerstörung, oder haben auch sie einen Anteil daran?

Eine Reihe von Untersuchungen über die Rolle der Frauen bei der Inszenierung von Gewalt kommt zu dem Ergebnis, daß diese zwar nicht die eigentlichen „Täter" sind, aber durchaus eine Mittäterinnenschaft zu verantworten haben. Diese These stößt in verschiedenen Kreisen der Frauenbewegung auf heftige Ablehnung, wird jedoch von Seiten der feministischen Friedensforschung als wichtige Sichtweise so akzeptiert und formuliert.

Ausgangspunkt dieser Betrachtungsweise ist die Feststellung, daß Frauen in dieser Gesellschaft (und überhaupt im Patriarchat) kein ab- (oder aus-) gegrenztes Eigenleben führen (können), sondern ihre Verquickung mit den Männerinteressen eben diese Mittäterinnenschaft herstellt. Dies geschieht, indem Frauen ergänzende und stützende Funktionen übernehmen oder aber auch sich die „männlichen Errungenschaften" aneignen anstelle die Politik der Männer zu bekämpfen und zu verhindern. Hierzu gehört die geschlechtliche Arbeitsteilung ebenso wie der freiwillige (oder erzwungene) Gehorsam gegenüber Männern.

Die Kategorie Mittäterinnenschaft dient nicht der Schuldzuschreibung, sondern soll dazu beitragen, Verantwortlichkeiten zu klären.

Literaturhinweise

Batscheider, Tordis: Friedensforschung und Geschlechterverhältnis. Zur Begründung feministischer Fragestellungen in der kritischen Friedensforschung. Marburg 1993.
Dehne, Brigitte: Geschichte – für Mädchen und Jungen. In: Gerold Niemetz (Hrsg.) Vernachlässigte Fragen der Geschichtsdidaktik. Hannover 1992, S. 84 ff.
Cordes, Mechthild / Elke Begander: Berufsbezogene Weiterbildung: Gleichstellungsarbeit für Frauen. Die Frauenfrage. Tübingen 1993.

Beobachten Sie ...
Beobachten Sie, welche Rollen und Aufgaben in Schule und Unterricht von Männern (Jungen), welche von Frauen (Mädchen) wahrgenommen werden.

Stellen Sie fest ...
Stellen Sie fest, in welchen Positionen Frauen an ihrer Schule vertreten sind ...

▲ Wieviele Vollzeitstellen (Teilzeitstellen) sind von Frauen, wieviele von Männern besetzt?
▲ Wieviele Frauen sind in leitenden Funktionen an der Schule (Schulleitung, stellvertretende Schulleitung, Fachbereichsleitung etc.) tätig?
▲ Wieviele Frauen sind bislang befördert worden (Studienrätin, Oberstudienrätin, Studiendirektorin etc.)?
▲ Wieviele Frauen sind verbeamtet, wieviele sind angestellt?
▲ Gibt es einen Hausmeister, oder eine Hausmeisterin?
▲ Sind es Männer oder Frauen, die in der Schule putzen?

Überprüfen Sie ...
Überprüfen Sie, ob folgende Beobachtung auch auf ihre Klassen zutrifft:

„Unsere Beobachtungen und Analysen von Unterricht in großstädtischen, mittelstädtischen und ländlichen Gebieten Hessens, in Grundschulen, Hauptschulen, Realschulen, Gymnasien und Einrichtungen der Erwachsenenbildung zeigen, daß das Klassenzimmer für Mädchen und Jungen nicht denselben Erfahrungsraum beinhaltet, daß Jungen und Mädchen nicht in der gleichen Weise unterrichtet werden und daß ihre kommunikativen Kompetenzen nicht in der gleichen Weise bewertet werden und in die Kommunikationsnormen des Klassenzimmers eingehen."

Claudia Fuchs: Interaktionen im Unterricht. In: Diskussion Deutsch, Heft 105, Februar 1989, S. 92.

Grundlagen

Stichworte zum Thema „Gruppe"

Handlungsorientierter Politikunterricht findet beinahe ausschließlich in (Klein-) Gruppen statt. Die Klasse als Plenum ist als Großgruppe zu werten. Schulklassen zeigen von der psychosozialen Seite her gesehen die gleichen Merkmale und Entwicklungen wie andere Gruppen auch.

Einige Ergebnisse der Gruppenforschung

▲ Kleingruppen sind Gruppen
bis zu einer Größe von ca. 12–14 Teilnehmerinnen und Teilnehmern. Werden Gruppen größer, so zerfallen sie in Untergruppen. Je größer eine Gruppe desto instabiler und unbeweglicher ist sie.

▲ In Kleingruppen geht es vor allem
um zwei Konfliktbereiche: Um Orientierung gegenüber der Autorität (Umgang mit und Verteilung von Macht und Einfluß) und um Orientierung der Mitglieder untereinander (Intimität, Nähe und Distanz).

▲ In Großgruppen dominiert der Konfliktbereich
der Rivalität von Teilgruppen und Einzelnen um Einfluß und Macht.

▲ Gruppen bedürfen einer äußeren
klaren Struktur (Raum, Zeit, Größe, Dauer, Ziel, Aufgabe ...).

▲ Gruppen entwickeln (oft unbewußt) Standards
für das Verhalten die für alle Gültigkeit haben.

▲ In Gruppen (die längere Zeit bestehen)
besteht eine Tendenz zur Kleinhaltung der Unterschiede in Denken und Handeln.

▲ Erwartungen der Gruppe(nteilnehmerinnen
und -teilnehmer) beeinflussen stark das Verhalten, die Leistung und das de-facto-Können der einzelnen in der Gruppe. Dies führt oft zu Spannungen zwischen dem Anliegen der einzelnen und dem Erwartungsdruck der Gruppe.

▲ Sympathie, Kontakt und Aktivität hängen
in einer Gruppe voneinander ab.

▲ Die grundlegenden Bedürfnisse der
Teilnehmerinnen und Teilnehmer in Gruppen sind: Zugehörigkeit, Einflußnahme und Wertschätzung.

▲ Da diese Bedürfnisse in Großgruppen
(also auch in Schulklassen) nur unzureichend befriedigt werden können tendieren Großgruppen zur Bildung von überschaubareren Untergruppen.

▲ Desweiteren ist in Großgruppen häufig
eine Tendenz zur Paarbildung (Pairing) zu beobachten. Zwei (manchmal auch drei) Gruppenmitglieder schließen sich zusammen, um sich gemeinsam gegenüber anderen sowie gegen die Lehrerin / den Lehrer besser durchsetzen zu können. Solche „Paare" denken und fühlen gemeinsam.

▲ Das Gefühl der Geborgenheit in einer Gruppe
fördert die Tendenzen der Mitglieder sich miteinander zu identifizieren und ein "Wir-Gefühl" zu entwickeln.

▲ Mitglieder in Gruppen mit einem starken
Zusammengehörigkeitsgefühl (Kohäsion) sind zufriedener als solche in Gruppen mit einem schwachen.

▲ Gruppen entwickeln eine Rangordnung.
Diese gefährdet nicht den Zusammenhalt der Gruppe, sondern legen den sozialen Status der einzelnen in der Gruppe fest. Rangdifferenzierungen können nach Leistung oder nach Beliebtheit geschehen.

▲ Gruppen differenzieren desweiteren
Rollen aus, die die einzelnen Teilnehmerinnen und Teilnehmer übernehmen. Hierzu gehören auch gruppeneigene Führungsrollen, die mit der formellen Gruppenleitung (Lehrerin/Lehrer) rivalisieren.

▲ Untergruppen innerhalb einer Großgruppe
differenzieren eigene Rangordnungen und Rollen aus, die mit denen der Großgruppe in Konkurrenz stehen können.

▲ Außenseiterinnen bzw. Außenseiter
und abweichende Meinungen sind für Gruppen wichtig.

▲ Gruppen durchlaufen bestimmte
Entwicklungsphasen. (Vgl. hierzu die folgenden Seiten.)

Was bei Arbeitsgruppen zu beachten ist

Problematisch sind ...
▲ zu große (über 10 Schülerinnen/Schüler) oder zu kleine Arbeitsgruppen (nur 3 oder 4 Schülerinnen/Schüler).
▲ Unklarheiten über die äußeren Bedingungen (z. B. wechselnde Gruppenräume, laufend wechselnde Zusammensetzung).
▲ Unklarheiten über die inneren Bedingungen (z. B. unklare Arbeitsaufgaben, unklare Ziele).
▲ Bedingungen, unter denen die Schülerinnen und Schüler kein Vertrauen und kein Wohlbefinden entwickeln können.

Die psychosoziale Ebene

Gruppenentwicklung und Unterrichtsablauf

Alle Gruppen, auch Schulklassen, entwickeln sich in bestimmten Phasen. Der Phasenablauf erfolgt dabei nicht linear, sondern die Klasse kommt immer wieder auch auf frühere Phasen zurück, besonders wenn Einschnitte im Schuljahr vorhanden sind (z. B. Ferien). Die Phasen können dabei unterschiedlich lange dauern (von Tagen bis zu Monaten).

Klärung für die Lehrerin / den Lehrer

▲ Entspricht das geplante Unterrichtsprojekt dem Wissen um die phasenspezifischen Verläufe von Gruppen?
▲ Welches sind die phasenspezifischen Bedürfnisse und Wünsche der Schülerinnen und Schüler?
▲ Welche Themen sind der jeweiligen Phase angemessen?
▲ Welche typischen Schwierigkeiten tauchen in den einzelnen Phasen auf?

Sachebene und/oder psychosoziale Ebene

Neben der Sachebene muß in jedem Unterrichtsprojekt auch die psychosoziale Ebene Berücksichtigung finden.

Die Sachebene ist i. d. R. die vordergründig sichtbare Ebene des Geschehens:

▲ Diskussion von Themen;
▲ Arbeit an Texten;
▲ Vermittlung von Informationen.

Die psychosoziale Ebene bestimmt jedoch häufig das eigentliche Geschehen in der Gruppe. Es geht dabei um das Lernen von sozialer Kompetenz:

▲ Wahrnehmen von Wünschen und Ängsten;
▲ Ausdruck von Sympathie und Antipathie;
▲ Anbahnung von Vertrauen;
▲ Umgang mit Tabus.

Aufgabe der Lehrerin oder des Lehrers ist es, beide Bereiche in einer Balance zu halten.

In vielen Projekten oder Unterrichtsverläufen dominiert häufig die psychosoziale Ebene, ohne daß dies von den Lehrerinnen und Lehrern so geplant oder gewollt ist. Sie müssen deshalb diese Ebene im Auge behalten und in den Projektablauf Elemente aufnehmen, die Begegnungen und Erfahrungen jenseits der Sachauseinandersetzung zulassen.

Die Gruppe – ein Eisberg

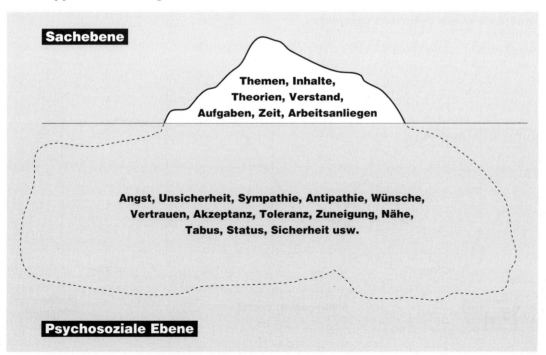

Nach: B. Langmaack / M. Braune-Krickau: Wie die Gruppe laufen lernt. München 1989, S. 67.

Grundlagen

Gruppenphasen

Idealtypisch lassen sich als Gruppenphasen unterscheiden:

1. Ankommen, auftauen, sich orientieren

- ▲ Suche nach Billigung und Annahme.
- ▲ Schaffung eines Sicherheitsgefühls.
- ▲ Suche nach Ordnung und Struktur.
- ▲ Hohe Erwartungen an die Leitungsfunktion.

2. „Gärung und Klärung"

- ▲ Herausbildung einer sozialen Rangordnung.
- ▲ Macht und Positionskämpfe zwischen Gruppenmitgliedern und Untergruppen.
- ▲ Anfragen an und Angriffe auf die Leitungsfunktion.
- ▲ Zunahme kritischer Fragen.
- ▲ Versuche, die Gruppe zu strukturieren.

3. „Arbeitslust und Produktivität"

- ▲ Erkennen der Gemeinsamkeiten.
- ▲ Anerkennung von Unterschieden als für die Gruppe nützlich.
- ▲ Eigenverantwortliches Arbeiten.
- ▲ Klima des gegenseitigen „Gebens" und „Nehmens".
- ▲ Die Lehrerin bzw. der Lehrer kann sich stark zurücknehmen.
- ▲ Phantasie, daß die Gruppe unbegrenzt weitergehe.

4. „Ausstieg und Transfer"

- ▲ Auflösung wird als unangenehm und schmerzlich erlebt.
- ▲ Z. T. Leugnen des Seminar-Endes.
- ▲ Außeninteressen nehmen wieder zu.
- ▲ Rückschau und Auswertung.
- ▲ Die Lehrerin bzw. der Lehrer wird für die Strukturierung wieder wichtig.

Ziel muß es sein, mit der Gruppe in das Stadium der „Arbeitslust und Produktivität" zu gelangen. Damit die Gruppe dahin kommt, muß sie sich über Ziele verständigen und ein Klima von Vertrauen und Akzeptanz entwickeln.

Typischer Gruppenverlauf innerhalb eines Unterrichtsprojektes

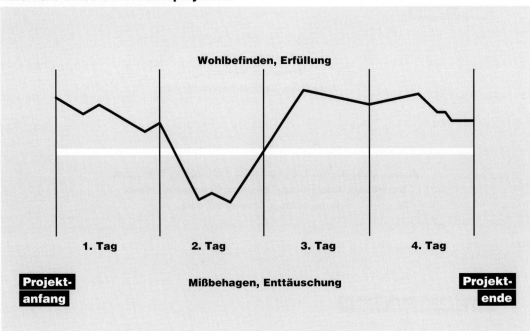

Vgl. B. Langmaack a. a. O.

Grundlagen

Rollenfunktionen in der Gruppe (1)

Was sind Rollen?

Rollen sind Verhaltenserwartungen (bzw. Verhaltensvorschriften), die von außen an die betreffenden Rollenträgerinnen und -träger herangetragen werden. Die Inhalte dieser Vorschriften werden nicht vom einzelnen, sondern von Gruppen oder der gesamten Gesellschaft bestimmt.

Die in Rollen gebündelten Verhaltenserwartungen begegnen dem/r einzelnen mit einer gewissen Verbindlichkeit des Anspruchs, so daß er/sie sich ihnen nicht ohne Schaden entziehen kann.

Rollenfunktionen in der Gruppe

In jeder Gruppe entwickeln sich bestimmte Rollenfunktionen, die den unausgesprochenen Zielen der Gruppe dienen, damit diese ihre Arbeit fortsetzen kann. Es lassen sich dabei deutlich eine Reihe von Rollen herauskristallisieren, die sich aus der Bemühung des einzelnen ergeben, das jeweilige entstehende soziale System einer Gruppe weiter zu entwickeln. Rollen werden unterschieden in Rollen, die vorwiegend Aufgabenrollen sind und solchen, die vorwiegend Erhaltungs- und Aufbaurollen sind. Darüber hinaus gibt es auch störende Rollen, die gegen jede konstruktive Beteiligung an der Gruppenarbeit gerichtet sind.

Aufgabenrollen

▲ Initiative und Aktivität:
Lösungen vorschlagen, neue Ideen vorbringen ...

▲ Informationssuche:
Frage nach genauerer Klärung von Vorschlägen, Forderung nach ergänzenden Informationen oder Tatsachen.

▲ Meinungserkundung:
Versuche, bestimmte Gefühlsäußerungen von Mitgliedern zu bekommen, die sich auf die Abklärung von Werten, Vorschlägen oder Ideen beziehen.

▲ Informationen geben:
Angebote von Tatsachen oder Generalisierungen. Meinungen geben: Äußerung einer Meinung oder Überzeugung, einen oder mehrere Vorschläge betreffend.

▲ Ausarbeiten:
Abklären, Beispiele geben, versuchen sich vorzustellen, wie ein Vorschlag sich auswirkt, wenn er angenommen wird.

▲ Koordinieren:
Aufzeigen der Beziehungen zwischen verschiedenen Ideen oder Vorschlägen; Versuch, diese zusammenzubringen.

▲ Zusammenfassen:
Zusammenziehen verwandter Ideen und Vorschläge.

Erhaltungs- und Aufbaurollen

▲ Ermutigung:
Freundlichsein, Wärme, Antwortbereitschaft gegenüber anderen.

▲ Regeln bilden:
Formulierung von Regeln für die Gruppe, die für Inhalt, Verfahrensweisen oder Bewertungen gebraucht werden.

▲ Folge leisten:
Den Gruppenentscheidungen folgen.
Ausdruck der Gruppengefühle: Zusammenfassung, welches Gefühl innerhalb der Gruppe zu spüren ist.

▲ Auswerten:
Überprüfen der Gruppenentscheidungen.
Vermitteln: Harmonisieren, verschiedene Standpunkte miteinander versöhnen ...

▲ Spannung vermindern:
Negative Gefühle durch einen Scherz ableiten, beruhigen ...

Negative Rollen

▲ Aggressives Verhalten:
Arbeiten für den eigenen Status, indem andere kritisiert oder blamiert werden ...

▲ Blockieren:
Durchkreuzen der Weiterentwicklung der Gruppen durch Ausweichen auf Randprobleme.

▲ Rivalisieren:
Die größte Rolle spielen, die Führung an sich reißen ...

▲ Clownerie:
Jux veranstalten, Witzeln, Nachäffen ...

▲ Beachtung suchen:
Versuche, die Beachtung auf sich zu ziehen.

▲ Sich zurückziehen:
Passives Verhalten, Tagträumen ...

Vgl. Klaus Antons: Praxis der Gruppendynamik. Göttingen u. a. 1975, S. 226 ff.

Grundlagen

Rollenfunktionen in der Gruppe (2)

Beobachten Sie!

Beobachten Sie bei Ihrem nächsten Unterrichtsprojekt, welche Rollen und Aufgaben von Jungen, welche von Mädchen wahrgenommen werden:

▲ Wer übernimmt eher Aufgabenrollen?
▲ Wer übernimmt eher Erhaltungs- und Aufbaurollen?
▲ Wer übernimmt eher negative Rollen?

Verwenden Sie hierfür das von Klaus Antons entwickelte Raster der Rollenfunktion in der Gruppe.

Zwei Situationen, die viel über das Rollenverhältnis aussagen können:

▲ Wer redet als erste/r in einer Gruppe?
▲ Wer übernimmt es, Arbeitsgruppenberichte vorzutragen?

Gruppenpositionen – eine Übersicht

Gruppen bilden eine Rangordnung aus. Die wichtigsten Positionen in dieser Rangordnung sind:

Alpha
Führerin/Führer – Erhaltungs- und Aufbaurollen
▲ Gruppeneigene/r Führerin/Führer
▲ Gruppensprecherin/Gruppensprecher
▲ Initiatorin/Initiator (von Akitivitäten)
▲ Vertreterin/Vertreter von Gruppenwerten
▲ Jemand, der für Ausgleich und Entspannung sorgt

Beta
Fachfrau/mann – Aufgabenrollen
▲ Sachverständige/Sachverständiger
▲ Ideenträgerin/Ideenträger
▲ Initiatorin/Initiator (eines Denkprozesses)
▲ Organisatorin/Organisator
▲ Realistin/Realist
▲ Kontrolleurin/Kontrolleur

Gamma
Mitglied, Mitläuferin/Mitläufer
▲ Stille Treue
▲ Humorvolle/r
▲ Mitläuferin/Mitläufer
▲ Helferin/Helfer

Omega
Prügelmädchen/Prügelknabe –
Negative Rollen
Schwache Gegner
▲ Außenseiterin/Außenseiter
▲ Sündenziege/Sündenbock
▲ Gruppenclown
▲ Schweigerin/Schweiger

Gegenalpha
▲ Vertreterin/Vertreter der Gegenaktion

Jede Person kann in verschiedenen Gruppen auch verschiedene Rollen und Positionen einnehmen.

Entscheidend für die Fähigkeit zu Lernen ist die Flexibilität oder die Rigidität, mit der jemand eine Position einnimmt, wechselt oder beibehält. Optimales Lernen geschieht dann, wenn jemand positionsflexibel ist, wenn also jemand in der Lage ist, seine Position in der Gruppe seinen Bedürfnissen entsprechend zu ändern.

Vgl. A. Heigl-Evers / F. Heigl: Gruppenposition und Lernmotivation. In: A. Heigl-Evers: Gruppendynamik. Göttingen 1983, S. 37–48.

Das Zusammenleben in der Projektgruppe regeln

Eines der ersten Themen nach dem gegenseitigen Bekanntmachen ist die gemeinsame Arbeitsorganisation. Es ist also die Frage, welche gemeinsamen Verabredungen während des Projektes gelten sollen, damit effektiv und in einem guten Klima gearbeitet werden kann.
Eine Projektgruppe formulierte für sich folgende Verabredungen:*

Verabredungen, die Eigenbestimmung fördern

- Selbst bestimmen, wann ich was aktiv tun will.
- Mich konfrontieren lassen.
- Meine persönlichen Interessen bekannt geben und verabreden, wann sie besprochen werden können.
- Ich möchte laut denken dürfen.
- Die Freiheit haben, „dumme" Fragen zu stellen.
- Mitsteuern, indem ich sage, was mir wichtig ist.

Verabredungen, die mögliche Störungen zum Inhalt haben

- Wenn ich abgelenkt bin, möchte ich es sagen.
- Ich möchte mich melden, wenn ich Einwände oder Vorbehalte habe, und zwar gleich.
- Konflikte aufgreifen und klären helfen.
- Eigene Bedürfnisse anmelden.

Verabredungen, die sich um den Körper kümmern

- Sagen, wenn ich eine Pause brauche.
- Mal überlegen, wie es mir eigentlich geht.

Verabredungen, die sich auf Fragen beziehen

- Einbringen von Verständnisfragen.
- Sich nicht ausfragen lassen.
- Der andere soll mir ehrlich sagen, was er wissen will.

Verabredungen untereinander

- Meinungen anderer anhören und stehenlassen.
- Mitsteuern.
- Darauf achten, daß wir uns nicht verzetteln.
- Ernst genommen werden und andere ernst nehmen.
- Offener Austausch, aber auch die Verantwortung dafür übernehmen, was ich sage.

Verabredungen mit Lehrerinnen und Lehrern

- Die Lehrerinnen und Lehrer sollen helfen, Entscheidungsprozesse herbeizuführen.
- Klare Zielformulierungen vorzugeben und die Arbeitsschritte für den Themenablauf festzulegen.
- Helfen, aus dem Generellen das Individuelle herauszuarbeiten, Bedürfnisse abklären und die Vorgehensweise transparent machen.
- Den Projektablauf zur Diskussion stellen.
- Möglichkeiten zur Reflexion anbieten.
- Dafür sorgen, daß niemand verletzt wird.

Vgl. Barbara Langmaack: Themenzentrierte Interaktion. Einführende Texte rund ums Dreieck. Weinheim 1991, S. 105 ff.

* Die Verabredungen basieren auf den Grundannahmen und Regeln der Themenzentrierten Interaktion von Ruth Cohn.

Grundlagen

Befürchtungen in Gruppen

Das Bedürfnis der Schülerinnen und Schüler nach spontanem Kontakt in der Klasse und in Untergruppen wird durch vielfältige Befürchtungen blockiert. Jede bzw. jeder möchte sicher gehen, ob sie bzw. er es „richtig" macht.

Nicht jede Schülerin und jeder Schüler hat dieselben Befürchtungen. Nicht bei jeder bzw. jedem sind sie gleich stark ausgeprägt.

Befürchtungen, die oft – und vor allem in Anfangssituationen – in Klassen vorhanden sind:

▲ Wie wichtig darf ich mich machen, damit man mich wahrnimmt?
▲ Wie wichtig muß ich mich machen, um nicht als anspruchslos zu gelten?

▲ Wie dicht darf ich an die anderen herangehen, um meine Kontaktwünsche zu befriedigen?
▲ Wie fern muß ich mich halten, um nicht bedrängend zu wirken?

▲ Wie offen darf ich widersprechen, um mich zu behaupten?
▲ Wieviel muß ich widerspruchslos hinnehmen, um nicht aggressiv zu wirken?

▲ Wieviel darf ich von meinen persönlichen Schwächen zeigen, um die Last des Versteckspielens loszuwerden?
▲ Wieviel muß ich von meinen persönlichen Schwächen verdecken, um mir unerträgliche Blamage zu ersparen?

▲ Wie dumm darf ich sein, um dringend erwünschte Informationen zu bekommen?
▲ Wie klug muß ich sein, um nicht den Anschluß an das intellektuelle Niveau der Klasse zu verlieren?

▲ Wieviel darf ich von meinen Einstellungen verraten, damit die anderen mich „richtig" kennenlernen?
▲ Wieviel muß ich von meinen Einstellungen zurückhalten, um nicht zu provozierend auf andere mit abweichenden Einstellungen zu wirken?
▲ Wie ungleichmäßig darf ich meine Zuwendung verteilen, um mein unterschiedliches Interesse an den einzelnen Klassenmitgliedern ausdrücken zu können?
▲ Wie gleichmäßig muß ich meine Zuwendung verteilen, um nicht solche Klassenmitglieder zu enttäuschen, die sich von mir vernachlässigt fühlen könnten?

Vgl. H. E. Richter: Lernziel Solidarität. Reinbek 1974, S. 81 f. (Auszüge).

Literaturhinweise

Birckenbihl, Michael: „Train the Trainer". Arbeitshandbuch für Ausbilder und Dozenten. Landsberg/Lech, 12. Auflage. 1995.
Brocher, Tobias: Gruppendynamik und Erwachsenenbildung. Braunschweig 1967.
Cohn, Ruth C.: Von der Psychoanalyse zur themenzentrierten Interaktion. Von der Behandlung einzelner zu einer Pädagogik für alle. 11. Auflage. Stuttgart 1992.
Klein, Irene: Gruppenleiten ohne Angst. Ein Handbuch für Gruppenleiter. 4. Auflage. München 1992.
Langmaack, Barbara / Michael Braune-Krickau: Wie die Gruppe laufen lernt. Anregungen zum Planen und Leiten von Gruppen. Ein praktisches Lehrbuch. München 1989.
Pühl, Harald: Angst in Gruppen und Institutionen. Bielefeld 1994.
Sandner, Dieter: Psychodynamik in Kleingruppen. München/Basel 1978.
Standhaardt, Rüdiger / Cornelia Löhmer (Hrsg.): Zur Tat befreien. Gesellschaftspolitische Perspektiven der TZI-Gruppenarbeit. Mainz 1994.

Was Lernprozesse begünstigt (1)

Im Dreischritt vorgehen

Beim Aufbau von Unterrrichtsverläufen bzw. -projekten empfiehlt es sich, drei Lernschritte zu unterscheiden:

Informations- und Wahrnehmungsphase:
Worum geht es? Was wissen wir? Wie ist die Informationslage?

Reflexions- und Analysephase:
Warum ist das so? Welche Prinzipien und Faktoren sind erkennbar?

Anwendungsphase:
Was folgt daraus? Welche Handlungskonsequenzen sind denkbar?

Ergebnisse der Lernpsychologie berücksichtigen

▲ Politischer Unterricht sollte aktiv sein
und nicht nur auf passives Zuhören oder Zusehen ausgerichtet.

▲ Wichtige Themen (Inhalte) sollten wiederholt
dargestellt und bearbeitet werden, nur dann prägen sie sich ein.

▲ Die Themen sollen in verschiedenen
Variationen und unterschiedlichen Situationszusammenhängen aufgegriffen werden, dann lassen sich Erfahrungen auch auf andere Bereiche übertragen.

▲ Die Themenbereiche sollten so strukturiert
dargeboten werden, daß die wesentlichen Merkmale erkennbar und zugänglich sind.

▲ Die Themenbearbeitung sollte sich von
vereinfachten Zusammenhängen zu komplizierten Zusammenhängen bewegen.

▲ Es geht nicht um mechanisches
Einprägen von Begriffen oder Zusammenhängen, sondern um das Verstehen von Grundprinzipien.

▲ Weniger Themenbereiche und/oder Aspekte
intensiver zu bearbeiten ist sinnvoller als möglichst viele Themen nur „anzureißen".

▲ Die Lehrerin/der Lehrer sollte der Klasse
Rückmeldung über die Arbeit und die Arbeitsergebnisse jenseits von Noten geben.

▲ Die Schülerinnen und Schüler und die Klasse
sollten sich möglichst konkrete Ziele setzen. Dabei sollte überprüft werden, ob diese Ziele auch die Ziele der Lehrerinnen und Lehrer sind.

Mehrere Sinne ansprechen

Informationen (Inhalte), die nur über das gesprochene Wort vermittelt werden, werden kaum aufgenommen und wenig behalten. Wichtig ist, daß möglichst mehrere Sinne (neben dem Ohr das Auge, die Hand usw.) gleichzeitig angesprochen werden.

Die Visualisierung von Informationen sowie der eigene Umgang damit, das eigene Verändern und Gestalten fördern nicht nur die Lust an der Auseinandersetzung mit einem Thema, sondern bewirken auch eher Lernerfolge.

Lernerfolge ermöglichen

▲ Nur diejenigen werden sich
„Lernanstrengungen" unterziehen, die das Thema interessiert und denen das Lernen erfolgversprechend und nutzbringend erscheint.

▲ Das selbständige Lösen von Aufgaben,
das Bewältigen von gestellten Problemen oder auch einfach die Einsicht in bestimmte Zusammenhänge steigert erheblich die Motivation an einer weiteren Auseinandersetzung.

▲ Wer das Gefühl hat, daß ihm der
Unterricht nichts nützt („bringt"), der wird auch kaum Interesse und Beteiligung (und damit auch keine „Lernerfolge") zeigen.

▲ Lernen findet dann eher statt,
wenn nicht nur die Lehrerin bzw. der Lehrer, sondern auch die Bezugsgruppen der Schülerinnen und Schüler die jeweiligen Lernanstrengungen honorieren (z. B. Partner, Freunde, Eltern).

Aufnehmen und behalten

10 %	beim Lesen
20 %	beim Hören
30 %	beim Sehen
40 %	beim Hören und Sehen
60 %	beim darüber Reden
80 %	beim eigenen Entdecken und Formulieren
90 %	beim eigenen Entdecken und Überwinden von Schwierigkeiten

Grundlagen

Was Lernprozesse begünstigt (2)

Zeiten der Entspannung einplanen

Die Lehrerin / der Lehrer darf die Klasse nicht durch permanente lernintensive Arbeitsformen überfordern. Es müssen auch Zeiten der Entspannung angeboten und dem Kontaktbedürfnis Raum gegeben werden. Für die Informationsvermittlung, die Informationsverarbeitung und das Geselligkeitsbedürfnis sollten jeweils in etwa gleich viel Zeit zur Verfügung stehen.

Gefühle und Stimmungen einbeziehen

In jeder Klasse laufen nicht nur Prozesse auf der Sachebene (kognitive Ebene), sondern auch auf der emotionalen Ebene ab: die Schülerinnen und Schüler fühlen sich gehemmt, reagieren aggressiv, haben Angst, ärgern sich usw. Diese Gefühle und Stimmungen müssen bewußt in die Unterrichtsveranstaltung einbezogen werden, denn negative Gefühle und unangenehme Erfahrungen wirken demotivierend.

Merke

**Die Ergebnisse des Lernens sind weniger wichtig als der Prozeß, der zu weiteren Fragen führt.
Lernen, das auf Eigeninitiative beruht, das die ganze Person der Schülerin / des Schülers mit einbezieht, das stark selbstbestimmt und wenig fremdkontrolliert ist, hat den am längsten anhaltenden Lernerfolg.**

So sollte die Zeit aufgeteilt sein

Günstige Lernbedingungen schaffen

Die Bedingungen für soziales Lernen sind dann besonders günstig,
▲ wenn der/die Lernende sich sicher fühlt und den Menschen, mit denen er zusammen ist, vertrauen kann;
▲ wenn er/sie neugierig und bereit ist, ein Risiko einzugehen;
▲ wenn er/sie neues Verhalten in einer entspannten Atmosphäre handelnd erproben kann;
▲ wenn er/sie alternative Möglichkeiten des Verhaltens bei anderen beobachten kann;
▲ wenn er/sie eigene Schwäche und Unvollkommenheit akzeptiert und nicht krampfhaft perfekt werden will;
▲ wenn auch die anderen ihn/sie so akzeptieren, wie er/sie ist.

Als unvollkommene Person akzeptiert zu werden und Fehler machen zu dürfen, sind ebenso wichtige Voraussetzungen für soziales Lernen wie Neugierde und die Bereitschaft, ungewohntes Verhalten spielerisch zu erproben.

Otto Marmet: Ich und du und so weiter: Kleine Einführung in die Sozialpsychologie. 2. Auflage. München/Weinheim 1988, S. 78.

Die Durchführung eines Projekts oder einer Unterrichtsreihe (1)

Im folgenden werden in knapper Form allgemeine Grundsätze der Projektplanung und -durchführung vorgestellt. Dabei bleiben die Ausführungen in verschiedenen Bereichen auf Stichworte beschränkt; sie sollen mehr eine Denkrichtung angeben denn eine direkte Übernahme des Ablaufes ermöglichen. Die thematische Ausdifferenzierung und Vertiefung muß anhand themenspezifischer Materialien erfolgen.

Die Schülerinnen und Schüler

▲ An wen wendet sich das Projekt?
▲ Welche Interessen und Bedürfnisse bringen die Schülerinnen und Schüler mit?
▲ Welche Gemeinsamkeiten, welche Unterschiede bestehen?
▲ Wie können die Schülerinnen und Schüler bereits in die Vorbereitung einbezogen werden?

Die Räumlichkeiten

▲ Soll das Projekt in Schulräumen oder außerhalb durchgeführt werden?
▲ Sind ausreichend viele und genügend große Räume vorhanden?
▲ Sind Exkursionen vorgesehen?
▲ Welche anderen Projekte finden parallel in angrenzenden Räumen statt?

Die thematische Vorbereitung

▲ Was soll vermittelt werden?
▲ Welche Erfahrungen sollen ermöglicht werden?
▲ Welche Möglichkeiten und Grenzen der Bearbeitung setzt das Thema?
▲ Welche Lernprozesse ermöglicht das Thema?
▲ Hat das Thema einen persönlichen Bezug zur realen Welt der Schülerinnen und Schüler?
▲ Spricht das Thema ein gemeinsames Interesse aller Schülerinnen und Schüler an?
▲ Welche Themen erlauben ein fächerübergreifendes Vorgehen?
▲ Welche Produktformen (Art der Ergebnispräsentation) sollen gewählt werden (Wandbild, Videoclip, Plastik, Gedicht, Hörspiel usw.)?
▲ Wie werden die Schülerinnen und Schüler bei der Themenfindung beteiligt?

Fragen für die Anfangssituation

Zu Beginn jedes Projektes stellen sich eine Reihe immer wiederkehrender Fragen.

▲ Welche Sitzordnung ist sinnvoll? (Rechteck mit Tischen, Stuhlkreis ohne Tische usw.)?
▲ Sind die Arbeitszeiten (Anfang und Ende) klar vorgegeben oder von den Schülerinnen und Schülern mit beeinflußbar?
▲ Wann und wie oft sollen Pausen eingelegt werden? Soll über Pausen spontan entschieden werden oder sind sie fest eingeplant?
▲ Wie können die typischen Ängste der Schülerinnen und Schüler in Anfangssituationen konstruktiv aufgefangen werden?
▲ Wie kann mit Vielrednern, wie mit Schweigern umgegangen werden?
▲ Wie können die Unsicherheiten und Ängste der Lehrerinnen und Lehrer zu Beginn fruchtbar genutzt werden?
▲ Greift die Lehrerin / der Lehrer das Bedürfnis der Schülerinnen und Schüler nach Struktur und Eindeutigkeit in Anfangssituationen auf?
▲ Werden die Schülerinnen und Schüler ausführlich über die Lernziele sowie die Lehr- und Lernformen informiert?
▲ Erhalten die Schülerinnen und Schüler schriftliche Unterlagen zur Vorbereitung?

Grundlagen

Die Durchführung eines Projekts oder einer Unterrichtsreihe (2)

Lernziele und Lerninhalte

▲ Welche Lernziele
sind mit dem Projekt verbunden?
▲ Welche Lernziele sind dabei wünschenswert, welche realistisch und erreichbar?
▲ Sind die Lernziele nur für
die Lehrerin / den Lehrer gedacht oder werden sie den Schülerinnen und Schülern mitgeteilt oder gar mit ihnen besprochen?
▲ Welche Inhalte und Methoden können zur Realisierung dieser Ziele beitragen?

Materialien und Methoden

▲ Eine detaillierte Projektbeschreibung erstellen.
▲ Geeignete Filme, Videos, Dias auswählen, bestellen und vor dem Projekt sichten.
▲ Tabellen, Schaubilder zusammenstellen und vervielfältigen, auf Folien kopieren ...
▲ Sollen Expertinnen oder Experten eingeladen werden?
▲ Texte für die Arbeitsgruppen auswählen und kopieren.
▲ Spiele für die Einstiegs- und Vertiefungsphasen auswählen.
▲ Geräte und Materialien für die gewählte Produktform bereitstellen.
▲ Fragebogen für die Auswertung entwerfen und vervielfältigen.

Kurz vor dem Beginn

▲ Sich auf das Projekt ein- und umstellen.
▲ Mit den Kolleginnen/den Kollegen die letzten Absprachen treffen.
▲ Die Räume (nochmals) sehen, das Material und die Geräte überprüfen.
▲ Die Sitzordnung für den Beginn endgültig festlegen.

Eventuell eine Vorstellrunde einplanen

Falls sich die Schülerinnen und Schüler nicht oder nur zum Teil kennen sollte eine Vorstellrunde (in spielerischer Form) eingeplant werden.

Erwartungen

Die Erwartungen der Schülerinnen und Schüler sind für den weiteren Projektverlauf zentral. Sie zu sammeln und mit den Möglichkeiten des Projektes zu konfrontieren bzw. in den Projektablauf zu integrieren, ist für das weitere Vorgehen wichtig.

Erster thematischer Zugang zum Thema

Hier werden Weichen für den Ablauf in bezug auf Arbeitsstil und Interesse der Schülerinnen und Schüler gestellt.
Zum eigentlichen thematischen Einstieg in das Thema eignet sich am besten ein Spiel. Diese Methoden müssen jeweils thematisch angepaßt werden.

Die Pausenbilanz

Ein wichtiges Instrumentarium für die Lehrerin/den Lehrer ist die sogenannte Pausenbilanz. Darunter versteht man eine gemeinsame Reflexion über den bisherigen Verlauf des Projektes, um so das konkrete weitere Vorgehen bestimmen zu können.

▲ Was entwickelt sich gerade in der Klasse? Was davon sollte in Ruhe gelassen werden, was verstärkt oder gebremst werden?
▲ Was oder wer in der Kasse fiel (mir) auf?
▲ Im Vergleich zur vorgesehenen Planung: Welche Korrektur am Thema oder an der Bearbeitungsform ist notwendig?

Die Durchführung eines Projekts oder einer Unterrichtsreihe (3)

Schlußphase

Die thematische Abrundung
▲ Was bleibt offen?
▲ Welche Fragen können noch geklärt werden?
▲ Was ist das Resümee?

Der persönliche Abschied
▲ Wie kann der Transfer vom Projekt zum Alltag geleistet werden?
▲ Welche Anregungen haben die Schülerinnen und Schüler für ihren Alltag bekommen?
▲ Wie können die Erfahrungen aus dem Projekt weitergegeben werden?
▲ Wie können mögliche Konflikte, die sich daraus ergeben, konstruktiv aufgegriffen werden?
▲ Wo bestehen Möglichkeiten, die begonnenen Auseinandersetzungen weiterzuführen?
▲ Was erwartet die Schülerinnen und Schüler, wenn sie zu Hause oder in ihrer Arbeitsstelle ankommen?

Die Auswertung

Neben einer mündlichen Auswertung empfiehlt sich das Ausfüllen eines Fragebogens. Auf diese Weise erhält die Lehrerin / der Lehrer mehr und detaillierte Meinungen über das Projektgeschehen. Diese Informationen stehen jedoch nicht unmittelbar den Projektteilnehmerinnen und -teilnehmern zur Verfügung.

Die Nachbesprechung

Eine Nachbesprechung der beteiligten Lehrerinnen und Lehrer stellt ein wichtiges Instrumentarium zur Auswertung, zum Austausch der Erfahrungen sowie zur weiteren Planung dar. Ein schriftlicher Auswertungsbericht ist hier hilfreich. Auch bei der Nachbesprechung sollte überlegt werden, interessierte Schülerinnen und Schüler zu beteiligen.

Merke

Handlungsorientierte Projekte sollten eine offene Herangehensweise der Schülerinnen und Schüler an ein Problem ermöglichen. Die Ergebnisse sollten möglichst in Produktform dargestellt und veröffentlicht werden.

Offenheit fördern

Eine offene und ehrliche Diskussion wird dort gefördert, wo Vertrauen und Akzeptanz erlebbar wird. Sie kann u. a. erschwert werden, wenn

▲ die Lehrerin / der Lehrer zu direkt und fordernd vorgeht.
▲ eine Etikettierung von Schülerinnen und Schülern oder Teilgruppen anstatt einer Einfühlung in Personen stattfindet.
▲ eine Teilgruppe das Gefühl entwickelt, sie würde nicht fair behandelt, sondern einseitig (z. B. durch die Auswahl des Materials und der Medien) benachteiligt.
▲ die Lehrerin / der Lehrer sich offensichtlich auf die Seite einer Teilgruppe stellt.
▲ Sachthemen zu „theoretisch" angegangen werden und für die persönlichen Erfahrungen der Schülerinnen und Schüler zu wenig Platz bleibt.
▲ zu wenig Raum für informelle Begegnungen und Gespräche bleibt.

Literaturhinweise

Bastian, Johannes / Herbert Gudjons (Hrsg.): Das Projektbuch. Theorie – Praxisbeispiele – Erfahrungen. 3. Auflage. Hamburg 1991.
Dies. (Hrsg.): Das Projektbuch II. Über die Projektwoche hinaus. Projektlernen im Fachunterricht. 2. Auflage. Hamburg 1993.
Duncker, Ludwig u. a.: Projektunterricht als Beitrag zur inneren Schulreform. Langenau-Ulm 1988.
Frey, Karl: Die Projektmethode. 5. Auflage. Weinheim 1993.
Gudjons, Herbert: Handlungsorientiert lehren und lernen. Projektunterricht und Schüleraktivität. 3. überarbeitete und erweiterte Auflage. Bad Heilbrunn 1992.

Grundlagen

Anfangs-situationen

99 Fragen
Porträts per Schattenriß
Körperumrisse
Presseschau
Mein T-Shirt

Anfangsmethoden, die zum Schuljahres- oder Projektbeginn eingesetzt werden, müssen mehrere Aufgaben erfüllen:

▲ sie sollen mithelfen,
die Schülerinnen und Schüler untereinander bekannt zu machen, insofern sollen sie erste Informationen über persönliche Hintergründe, Interessen usw. liefern;

▲ sie sollen die Erwartungen an
den Politikunterricht sichtbar machen;

▲ sie sollen das Interesse
der Schülerinnen und Schüler am Thema wecken, indem sie eigene Einstellungen dazu sichtbar machen, erste Probleme und Fragestellungen aufwerfen;

▲ sie sollen, wo immer dies möglich ist,
einen ersten Zugang zum Thema schaffen.

Viele Anfangsmethoden können nur eine dieser Anforderungen erfüllen. Die Lehrerin oder der Lehrer muß deshalb entscheiden, ob der Schwerpunkt mehr im thematischen Zugang oder mehr im Kennenlernbereich liegen soll.

Für die Schülerinnen und Schüler ist es zu Beginn eines Schuljahres oder Projektes hilfreich und wichtig, wenn

▲ sie etwas über die anderen
Schülerinnen und Schüler erfahren: Was sind das für Leute? Woher kommen sie? Welche Ansichten haben sie? Gibt es Cliquen? Wo stehe ich dabei? usw.

▲ sie etwas über die Lehrerin / den Lehrer
erfahren: Wie verhält sich die Lehrerin / der Lehrer? Was wird von den Schülerinnen und Schülern erwartet? Wie ist der Arbeitsstil? usw.

▲ sie etwas über den geplanten Unterricht
und den gemeinsamen Arbeitsstil erfahren: welche thematischen Aspekte sollen aufgegriffen werden? Wie sind die Arbeitszeiten? Wie wird das Thema erarbeitet? usw.

Anfangssituationen

99 Fragen

Zu Beginn der Ausbildung besteht jeweils die Situation, daß die Schülerinnen und Schüler nichts oder nur wenig voneinander wissen. Eine Möglichkeit, dies zumindest z. T. zu ändern, ist, an die gesamte Gruppe Fragen zu stellen, die nur mit Handzeichen beantwortet werden.

Die Fragen können eine Mischung aus persönlichen und politischen Themen sein und sind besonders dann spannend, wenn sie Außergewöhnliches beinhalten. Die Fragen müssen natürlich der jeweiligen Klasse und dem Thema angepaßt werden.

Für diese Runde sollte viel Zeit eingeplant werden, so daß bei den einzelnen Antworten nachgefragt oder um Erläuterungen gebeten werden kann. Wichtig ist es, eine Atmosphäre zu schaffen, bei der niemand das Gefühl hat, sich bloßzustellen.

Vorgehensweise

▲ Alle Schülerinnen und Schüler sitzen in einem Kreis.
▲ Die Lehrerin / der Lehrer liest jeweils eine Frage vor.
▲ Die Schülerinnen und Schüler antworten mit „Ja", indem sie ein Handzeichen geben.
▲ Die Lehrerin / der Lehrer (oder auch die Schülerinnen oder Schüler) können zu den einzelnen Antworten noch nachfragen oder um Erläuterungen bitten.
▲ Einzelne Schülerinnen und Schüler können z. B. Hintergründe o. ä. erzählen und sollten dabei auch nochmals ihren Namen sagen.

Erfahrungen

Es kommt sehr schnell eine lockere, aber konzentrierte Atmosphäre zustande, in der Interesse an Einstellungen und Verhaltensweisen anderer wächst und eine Menge Informationen über die anderen Schülerinnen und Schüler ausgetauscht werden.

Variationen

▲ Bewegter wird das Spiel, wenn alle Schülerinnen und Schüler sich (etwa im Rahmen eines Projektes) am Rande eines alten Fallschirmes aufstellen und diesen mit ihren Händen am Rande fassen. Die einzelnen Fragen werden vorgelesen. Danach wird der Fallschirm in die Höhe geschleudert (aber mit den Händen immer festgehalten), so daß ein Luftraum unter ihm entsteht. Wer die jeweilige Frage bejahen kann, läßt den Fallschirm los und begibt sich kurz unter den schwebenden Fallschirm. Bevor der Schirm wieder zu Boden sinkt, müssen die betreffenden Personen wieder am Rande des Fallschirmes stehen.

Diese Art des Spieles hat allerdings den Nachteil, daß über die jeweiligen Punkte nicht sofort geredet werden kann.

▲ Der Raum wird in zwei Teile aufgeteilt: einen „Ja"-Teil und einen „Nein"-Teil. Die Fragen werden nun vorgelesen. Diejenigen, auf die die Aussagen zutreffen, stellen sich in den „Ja"-Teil.

Ein Lehrer führte das Spiel „99 Fragen" mit folgenden Worten ein:

Ich stelle relativ rasch viele kleine Fragen, die mit unserem Thema Fremderfahrung zu tun haben und uns eine erste Auskunft über unsere Klasse geben sollen. Die Auskunft wird durch Handzeichen gegeben. Die Hand bitte solange oben lassen, bis sich alle durch einen Blick auf die Klasse ihren Eindruck verschafft haben.

Jede und jeder kann einmal eine Zwischenfrage an diejenigen stellen, die sich gerade per Handzeichen gemeldet haben. Antworten sollte dann jemand aus dieser Untergruppe.

Jede und Jeder kann einmal einen spontanen Kommentar zu einem Abstimmungsergebnis abgeben.

Anschließend stellt sich jede und jeder kurz mit dem Namen vor und sagt noch einen Satz dazu welche Frage überraschend war oder bei welcher er oder sie gezögert hat eine Antwort zu geben usw.

40–60

99 Fragen
Beispiel für einen Fragenkatalog

1. Wer ist in Tübingen geboren?
2. Wer ist in einem Land außerhalb Europas geboren?
3. Wer fühlt sich an der Schule fremd?
4. Wessen Eltern kommen aus zwei verschiedenen Nationen?
5. Bei wem waren im Kindergarten nur deutsche Kinder?
6. Wer hat schon ein Buch von Mark Twain gelesen?
7. Wer kauft bei Aldi ein?
8. Wer kennt den Namen eines thailändischen Gerichts?
9. Wer hat schon einmal Streit mit einem Ausländer/einer Ausländerin auf der Straße gehabt?
10. Wer trägt gerade ein Kleidungsstück aus Hongkong oder Taiwan?
11. Wer war noch nie außerhalb Deutschlands?
12. Wer war schon einmal in der DDR (als es diese noch gab)?
13. Wer war schon einmal in den neuen Bundesländern?
14. Wer spricht eine slawische Sprache?
15. Wer hat abends am Bahnhof Angst?
16. Wer lebt mit jemanden aus einer anderen Nationalität zusammen?
17. Wer besucht regelmäßig Freunde im Ausland?
18. Wer hat dieses Jahr nicht im Ausland Urlaub gemacht?
19. Wer kauft (immer mal wieder) im „Dritte-Welt-Laden" ein?
20. Wer wurde schon aufgrund seiner Kleidung auf der Straße oder im Bus „angemacht"?
21. Wer war schon in einem afrikanischen Land?
22. Wer ist in einer antirassistischen Initiative aktiv?
23. Wer betreibt eine asiatische Sportart (Tai Chi, Judo, Aikido, Taek Won Do ...)
24. Wer ißt öfters bei MacDonald?
25. Wer mag keine Spaghetti?
26. Wer freut sich über musizierende Roma?
27. Wer möchte im Ausland lieber nicht als Deutsche/r erkannt werden?
28. Wer hat schon ein Buch von einem chinesischen Autor oder Autorin gelesen?
29. Wer hat schon einmal längere Zeit im Ausland gelebt?
30. Wer sieht im Fernsehen gerne Reiseberichte über ferne Länder?
31. Wer fährt ein französisches oder italienisches Auto?
32. Wer ist stolz ein Deutscher/eine Deutsche zu sein?
33. Wer geht gerne indisch essen?
34. Wer bekommt Herzklopfen, wenn ihm oder ihr bei Nacht ein fremder Mann begegnet?
35. Wer hat den Film „Der mit dem Wolf tanzt" gesehen?
36. Wer von den Männern versteht manchmal die Frauen nicht?
37. Wer von den Frauen versteht manchmal die Männer nicht?
38. Wer weiß für Negerküsse oder Mohrenköpfe einen anderen Namen?
39. Wer geht gerne ins Völkerkundemuseum?
40. Wer schaut sich im Fernsehen „Lindenstraße" an?
42. Wem sind in der Kindheit die „zehn kleinen Negerlein" begegnet?
43. Wer mag Jazz?
44. Wer hat sich früher an Fasching als Kind in einen Indianer oder eine Indianerin verkleidet?
45. Wer hat schon an ein Hilfswerk wie „Brot für die Welt" oder „Misereor" gespendet?
46. Wer kennt Jim Knopf?
47. Wer hat Verwandte in Osteuropa?
48. Wer hat schon an einer Aktion gegen Ausländerfeindlichkeit teilgenommen?
49. Wer hat einen Vornamen, der ursprünglich aus einer anderen Sprache kommt?

Anfangssituationen

Porträts per Schattenriß

Mit Hilfe einer Lampe wird von den Köpfen der Schülerinnen und Schüler ein Schattenbild an die Wand projeziert, das dann abgemalt und ausgeschnitten wird.

Das Silhouettenschneiden kam Mitte des 18. Jahrhunderts in Europa in Mode. Erst die Fotografie verdrängte das Schnellporträt per Schattenriß. Der Rückgriff auf dieses vorindustrielle Abbildungsverfahren bietet sich für die Anfangsphase des Schuljahres oder von Projekten an. In Kleingruppen lassen sich Schattenporträts der einzelnen Schülerinnen und Schüler produzieren, die man zu einer „Klassengalerie" zusammenstellen kann.

Eine „Klassengalerie" erstellen

Beim Schattenriß handelt es sich um eine relativ leichte Technik, die keine besonderen Fertigkeiten erfordert und doch zu vorzeigbaren Ergebnissen führt.

Aus der Produktion von Schattenrissen ergibt sich die Möglichkeit und die Notwendigkeit, in kleinen Gruppen zusammenzuarbeiten. Man lernt sich in den Kleingruppen über gemeinsames Tun kennen. Man spricht nicht nur miteinander, sondern kommt sich auch „näher", da man beim gemeinsamen Arbeiten die übliche Gesprächsdistanz überwinden muß.

Die Lehrerinnen / die Lehrer haben in der ersten Phase, in der es darum geht, die Arbeit zu organisieren, die Möglichkeit, mit vielen Schülerinnen und Schülern „hilfreiche" Kontakte herzustellen. Daneben können sie sich wie alle anderen an der Produktion der „Klassengalerie" beteiligen.

Die an der Wand zur „Klassengalerie" zusammengestellten Schattenrisse bedeuten auch, daß sich die Schülerinnen und Schüler das Klassenzimmer ausschmücken und dadurch aneignen.

Material

▲ Großformatige Papierbögen (DIN-A2).
▲ Verschiedenfarbige Kartons.
▲ Bleistifte.
▲ Scheren.
▲ Klebeband.
▲ Pro Gruppe eine Lampe
   (z. B. Schreibtisch- oder Nachttischlampen).
▲ Wenn nötig Mehrfachsteckdosen
   und Verlängerungskabel.

Arbeitsschritte

▲ Erklären der Aufgabe
▲ Aufteilen der Gruppe in Paare oder
   Kleingruppen (3 bis 5 Personen)
▲ Bereitstellen und Aufteilen der Materialien
▲ Betreuen und Hilfestellungen bei der
   Anfertigung der Schattenrisse.
▲ Weiterarbeit

Die Schatten lassen sich auf weißem Hintergrund am besten umreißen. Man kann diese Schattenrisse dann entweder ausschneiden und auf andersfarbigen Karton aufkleben oder sie (mit Hilfe von Pauspapier) auf Kartons übertragen. Durch die Verwendung unterschiedlicher Farbtöne entsteht ein buntes Bild der Köpfe.

Möglichkeiten der Weiterarbeit

▲ Je nach der zur Verfügung stehenden
   Zeit und der Anzahl der Schülerinnen und
   Schüler kann man nach der Produktionsphase
   die Schnellporträts einsammeln, mischen und
   verteilen, um die dazu „passenden Köpfe" suchen zu lassen.
▲ Die Schattenrisse können als Galerie
   an die Wand geheftet werden und die gesamte
   Gruppe sucht die dazugehörigen Personen.
   Sind diese gefunden, stellen sie sich kurz vor.
▲ Die Schattenrisse können
   in Partnerinnen- und Partnerinterviews mit
   Stichworten zur Person ergänzt werden, um
   sie dann als „Ausstellung" an die Wand zu
   hängen.

Achtung

Bei der Anfertigung der Schattenrisse ist darauf zu achten, daß der Abstand zur Wand (zum Papier) bei allen in etwa gleich groß ist, so daß die Porträts dann auch alle die gleiche Größe haben. Die Lehrerin / der Lehrer sollte sich sehr aufmerksam umschauen, wo Probleme auftauchen und dort sofort unterstützend eingreifen.

Vgl. Wolf-Rüder Wagner: Porträts per Schattenriß. Themenbezogener Einstieg in Medienseminare. In: Medien Praktisch, 3/83, S. 50 f.

30–45

Körperumrisse

Das Auf- bzw. Abzeichnen von Körperumrissen eignet sich gut dazu, um einen persönlichen Zugang zur Klasse und zum Thema herzustellen.

Materialien

▲ Große Papierrolle
▲ Wachsmalkreide
▲ Pinnadeln

Vorgehensweise

▲ Die Schülerinnen und Schüler teilen sich in Paare oder Kleingruppen auf.
▲ Jedes Paar bzw. jede Kleingruppe verfügt über genügend großes Papier, um die Körperumrisse der Schülerinnen und Schüler im Maßstab 1 : 1 aufzeichnen zu können.
▲ Das Papier wird auf dem Boden ausgebreitet.
▲ Die Schülerinnen und Schüler legen sich nun abwechselnd auf das Papier. Die anderen zeichnen möglichst genau die Körperumrisse nach.
▲ Die zu den einzelnen gehörenden Umrisse können nun noch in vielfältigster Form ausgestaltet werden.
▲ Themenbezogene Fragen bzw. Aussagen können in die Umrisse eingetragen werden. Z. B. „Was mir durch den Kopf geht", „Was mir im Magen liegt", „Wo ich mir die Finger verbrannt habe" usw.
Es ist aber auch möglich, Fähigkeiten und/oder Eigenschaften der jeweiligen Person in die Umrisse einzutragen.
▲ Die Schülerinnen und Schüler stellen sich nun in der Klasse mit ihrem Porträt vor bzw. die Gesamtgruppe kann zunächst erraten, welcher Umriß zu welcher Person gehört.

Vorsicht

Manche Schülerinnen oder Schüler legen sich oft nicht so gerne auf den Boden. Bei ihnen kann das Papier an die Wand gepinnt werden und die Umrisse im Stehen abgezeichnet werden.

Variationen

Anstatt die Umrisse abzuzeichnen, kann auch ein vorgefertigtes Bild mit einem Körperumriß ausgeteilt werden. Die Aufgabe ist nun, dieses Bild zu vervollständigen, ihm individuelle Züge zu geben.

30–45

Anfangssituationen

Körperumrisse
Arbeitsmaterial

Anfangssituationen

Presseschau

Der Klasse wird von der Lehrerin, dem Lehrer erzählt, daß sie sich heute nicht in der Schule befindet, sondern in den Redaktionsräumen einer Rundfunkanstalt. Die Nachrichtenredaktion hat die Aufgabe, aus den Meldungen von heute die drei wichtigsten Presseartikel für eine Presseschau zusammenzustellen. Da sich die Redaktionsmitglieder nicht einigen können, welche Zeitungsartikel genommen werden sollen, darf diesmal jedes Mitglied der Redaktion seinen eigenen Vorschlag machen.

Jede/r soll nun die drei ihm persönlich am wichtigsten erscheinenden Artikel (Nachrichten) aus dieser Zeitung heraussuchen, ausschneiden und auf ein Blatt (DIN-A4 oder auch DIN-A3) aufkleben.

Alle Plakate werden aufgehängt. Die Schülerinnen und Schüler begründen nun ihre Artikelauswahl und stellen sich gleichzeitig auch damit vor.

Variationen

▲ Zusätzlich zu dem Artikel soll noch die Überschrift des Tages ausgesucht werden, von der die Schülerinnen und Schüler glauben, daß sie auch von den anderen ausgewählt wird.

▲ Zusätzlich zeichnet jede/r noch eine Porträtskizze von sich selbst auf das Blatt.

▲ An Stelle von Zeitungen werden die Artikelüberschriften einer Tageszeitung, die zuvor ausgeschnitten und aufgeklebt wurden, kopiert und verteilt. Aus diesen Überschriften sollen die Schülerinnen und Schüler diejenige aussuchen, die für sie am wichtigsten ist.

Material

▲ Etwa halb soviele Tageszeitungen der gleichen Ausgabe, wie Schülerinnen und Schüler anwesend sind.
▲ Für jede Schülerin / jeden Schüler ein Blatt Papier (DIN-A4 oder DIN-A3).
▲ Scheren.
▲ Klebstoff.
▲ Große Plakatwand, an die die Ergebnisse geheftet werden können.

Bei der Auswertung kann neben der persönlichen Vorstellung auch über die Bewertung der ausgesuchten Ereignisse gesprochen werden. Wichtig ist auch festzustellen, welche Themen in den ausgesuchten Artikeln aufgegriffen wurden.

20–30

Beispiel

Büroluft macht häufig krank

Lohnsteuer soll erhöht werden

Baby gegen Auto getauscht

Erinnern an die Obdachlosen

Lichterkette gegen Fremdenhaß

Weniger Hungertote erwartet

Es herrscht wieder Krieg

Anfangssituationen

Mein T-Shirt

Das Spiel vermittelt Informationen über die Einstellungen der Schülerinnen und Schüler zu einem Thema.

Es macht deutlich, daß verschiedene Personen unterschiedliche Vorstellungen zu einem Themenbereich haben. Es fördert jedoch auch die Fähigkeit, die eigenen Vorstellungen mitzuteilen und sich mit denen der anderen auseinanderzusetzen.

Für jede Schülerin und jeden Schüler wird der Umriß eines T-Shirts (siehe nächste Seite) kopiert. Die Aufgabe besteht nun darin, in die Felder des T-Shirts Symbole oder Bilder zu bestimmten Bereichen zu malen, die auf das jeweilige Thema zugeschnitten sind.

Durchführung

▲ Die Spielleitung erklärt kurz das Spiel.
▲ Die Arbeitsblätter werden ausgeteilt.
▲ Jede/r malt für sich ein Bild
   (Skizze, Symbol usw.) in jedes der drei Felder, das folgendes aussagen soll (die Qualität der Zeichnungen spielt dabei keine Rolle):
   In das obere Feld:
      Etwas in der Gesellschaft, auf das Sie besonders stolz sind.
   In das mittlere Feld:
      Etwas in der Gesellschaft, das Sie unbedingt verbessern möchten.
   In das untere Feld:
      Eine Veränderung in der Welt, die Sie sich in den nächsten fünf Jahren wünschten.
▲ Wenn alle fertig sind (nach 10–15 Min.)
   werden die T-Shirts aufgehängt. Die Schülerinnen und Schüler gehen zunächst durch den Raum und schauen sich die Bilder an.
▲ Jede/r erklärt dann, was er/sie
   ausdrücken wollte. Dabei sollte nachgefragt und auf Gemeinsamkeiten und Unterschiede zwischen den einzelnen Bildern aufmerksam gemacht werden.

Variation

Nach der Einzelarbeit und dem Betrachten der Bilder an der Wand können Kleingruppen mit je 4 bis 5 Schülerinnen und Schülern gebildet werden. Diese haben dann die Aufgabe, auf dem Hintergrund ihrer T-Shirts ein Gruppen-T-Shirt mit der gleichen Aufgabenstellung zu entwerfen. Dabei müssen sich die Schülerinnen und Schüler auf gemeinsame Aussagen einigen.
In der Klasse werden dann die Gruppen-T-Shirts und die zugrundeliegenden Einzel-T-Shirts vorgestellt. Dabei werden auch die Abweichungen und Unterschiede deutlich.

Für die Gestaltung der Gruppen-T-Shirts können (z. B. im Rahmen eines Projektes) auch unbedruckte Baumwoll-T-Shirts verwendet werden, die mit Stoffmalfarbe beschrieben und bemalt werden.

Es ist auch möglich aus Zeitschriften Bilder oder Symbole als Stellvertreter für die eigenen Aussagen auszuschneiden und in die verschiedenen Felder einzukleben.

Achtung

Da mit diesem Spiel viele persönliche Informationen preisgegeben werden, kann es vorkommen, daß jemand ein Bild malt, dies aber nicht erklären möchte. Dies sollte akzeptiert werden.

60–90

Die Luzerner „T-Shirt-Affäre"

Als der Grüne Abgeordnete Roni Vonmoos im Rotationsverfahren das Amt des Präsidenten des Luzerner Stadtparlaments übernahm, gehörte es natürlich auch zu seinen Aufgaben, an offiziellen Empfängen teilzunehmen.

Obwohl stolzer Besitzer einer Krawatte, marschierte er in einem auffälligen T-Shirt zu einer militärischen Feier in das Rathaus. Das Leibchen war geschickt auf den Anlaß der Feier abgestimmt. Auf die Aufschrift „Stop the Army" reagierten die anwesenden Militärführer und Unteroffiziere denn auch erbost, wenn auch in disziplinierter Form. Empörte Bürger forderten den Rücktritt des Präsidenten.

Dieser warf nun seinerseits dem Militär vor, daß einige Soldaten bei der Feier unter ihrem Militärhemd vorschriftswidrig T-Shirts mit „sexistischen Motiven" getragen hätten. Dies war ihm von anwesenden Frauen zugetragen worden. Nun prüfen auch die zuständigen Militärs die Kleiderordnung.

Vgl. Frankfurter Allgemeine Zeitung, 17. 2. 1993.

Mein T-Shirt Kopiervorlage

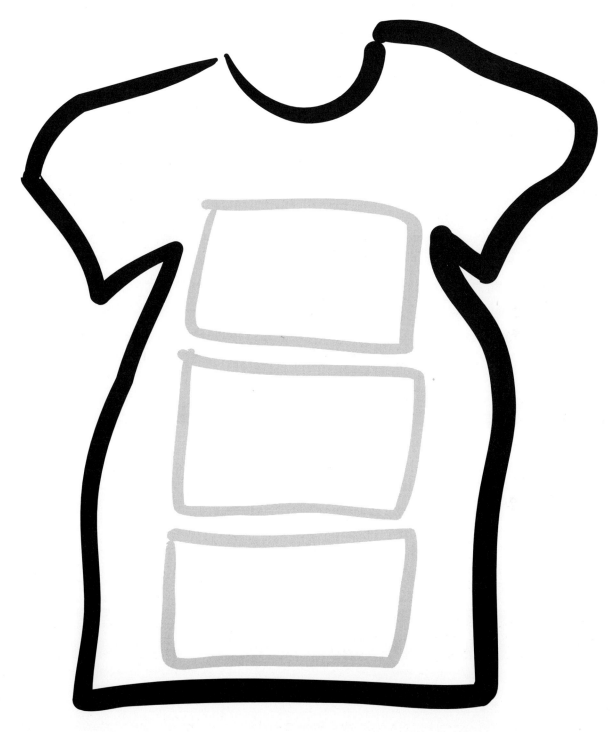

Übrigens ...

... das T-Shirt hat sich vom Unterhemd zum modischen Kleidungsstück entwickelt. Bereits 1901 gründete John Wesley Hanes in North Carolina (USA) eine Baumwollfabrik in der er grobe, weitgeschnittene Unterhemden herstellte, die vor allem bei den Landarbeitern beliebt waren. 1932 wurde erstmals ein Werbeaufdruck auf weiße T-Shirts angebracht und zwar von den Produzenten des Films „Der Zauberer von Oz". 1944 importierten dann amerikanische GI's das T-Shirt nach Europa, wo es zunächst als Unterwäsche getragen wurde.

Heute drücken T-Shirts mit ihren vielfältigen Botschaften oft ein Lebensgefühl oder eine Einstellung aus. So, wie das von Ihnen oben beschriebene.

Anfangssituationen

Zwischenbilanz und Auswertung

Klassenszene

Projektkritik

Blitzlicht

Selbstverpflichtungen

Um den Verlauf von Unterrichtseinheiten oder Projekten richtig beurteilen und evtl. korrigieren zu können, ist es wichtig, Informationen über das Geschehen zu erhalten und diese gemeinsam mit den Schülerinnen und Schülern zu besprechen. Dabei geht es darum festzustellen, wie sich das Geschehen in der Klasse entwickelt, festzustellen, was gut läuft und/oder wo es Probleme gibt. Auf diesem Hintergrund können dann Korrekturen an Thema und Arbeitsweise vorgenommen werden.

Während es bei der Zwischenbilanz um die Optimierung des weiteren Verlaufs geht, ist die Schlußphase einer Unterrichtseinheit oder eines Projekts von drei Anforderungen geprägt: der thematischen Abrundung, dem persönlichen Abschied und der eigentlichen Auswertung.

Den Schülerinnen und Schülern wird bei der Zwischenbilanz und der Auswertung nicht nur das Gefühl vermittelt, daß sie ernst genommen werden, sondern indem sie ihre Meinungen und Gefühle zum Verlauf formulieren können, haben diese auch eine entlastende Funktion.
Für die Lehrerin / den Lehrer stellen die erhaltenen Informationen eine wichtige Grundlage und Entscheidungshilfe für das weitere Vorgehen bzw. für die Konzeption späterer Unterrichtsvorhaben dar.

Klassenszene

Mit dieser Übung kann die augenblickliche Stimmung bei den Schülerinnen und Schülern bildhaft dargestellt werden. Die Klassengröße ist dabei beliebig. Die Schülerinnen und Schüler müssen jedoch nonverbale Aktivitäten akzeptieren.

Vorgehensweise

Ohne miteinander zu reden sollen die Schülerinnen und Schüler im Raum die Körperposition einnehmen, die ausdrückt, wie sie sich z. Z. in Bezug auf das Unterrichtsgeschehen fühlen. Wer das Geschehen attraktiv und spannend findet, stellt sich in die Mitte des Raumes, wer es eher langweilig empfindet, schaut zum Fenster hinaus, wer am liebsten den Raum verlassen möchte, stellt sich an die Tür usw.

Die Schülerinnen und Schüler können soviel Zeit, wie sie brauchen, in Anspruch nehmen, um ihre eigene Position zu finden. Danach soll sich jede bzw. jeder vergegenwärtigen, was er bzw. sie mit ihrer bzw. seiner Position ausdrücken möchte und sich umsehen, wo die anderen stehen.

Jede bzw. jeder äußert sich nun von ihrem bzw. seinem Standplatz aus, warum er oder sie diese Position eingenommen hat und was damit ausgedrückt werden soll.

Gemeinsam sollte nun festgehalten werden, was das Gesamtbild ausdrückt und welche Konsequenzen daraus gezogen werden sollen.

Auswertungsfragen

▲ Wie ist die überwiegende Stimmung?
▲ Was hat diese Stimmung verursacht?
▲ Was stört?
▲ Was möchten die einzelnen verändern?
▲ Läßt sich dies verändern?
▲ Wie läßt es sich verändern, damit die Arbeit wieder Spaß macht?

Die Klassenszene ist eine wirkungsvolle Möglichkeit, Störungen auszudrücken und durch Ausagieren und Ansprechen die Störungen aufzudecken und beseitigen zu helfen.
Wichtig ist dabei, daß alle das Gefühl haben, es ist erlaubt, auch unangenehme Dinge darzustellen und auszusprechen.

Vgl. Klaus Vopel: Interaktionsspiele. Teil 3. Hamburg 1978, S. 37 f.

ca. 15

Projektkritik

Die Projektkritik soll die Frage beantworten, was die Schülerinnen und Schüler bislang gelernt haben, so daß Lehrerinnen und Lehrer, Schülerinnen und Schüler zuverlässige Informationen für den Fortgang gewinnen können. Gleichzeitig sollen auch Elemente des Gruppenprozesses deutlich werden.

Für jede Schülerin und jeden Schüler wird eine Karteikarte und ein Bleistift benötigt.

Vorgehensweise

▲ Die Schülerinnen und Schüler
werden in zwei Untergruppen aufgeteilt.
▲ Jede Gruppe erhält Karteikarten und Bleistifte.
▲ Jede Gruppe setzt sich in eine Ecke des
Raumes, um unabhängig von den anderen zu arbeiten. Die Schülerinnen und Schüler der Gruppen haben die Aufgabe, auf der einen Seite ihrer Karte wenigstens zwei positive Aussagen über die bisherige Projekterfahrung zu notieren und auf der Rückseite zwei negative Aussagen.
▲ Nun setzt sich die Gruppe „A" im Kreis in
die Mitte des Raumes, während die Gruppe „B" sich als Beobachter außen herumsetzt. Beobachtet werden soll, wie diskutiert wird, welche Aspekte und Fragestellungen angesprochen werden und wer diskutiert.
▲ Der Innenkreis (Gruppe „A") hat nun die
Aufgabe, die bisherigen Projektfahrungen zu diskutieren. Dabei soll von drei Fragestellungen ausgegangen werden:
– Was hat mir das Projekt bisher gebracht?
– Was ist für mich offengeblieben?
– Was hat mir gefallen oder nicht gefallen?
Dabei sollen die positiven und negativen Aussagen der Karteikarten einbezogen werden.
▲ Die Diskussionszeit sollte – je nach
Gruppengröße – maximal 20 Minuten betragen.
▲ Im Anschluß an die Diskussion geben
die Beobachterinnen und Beobachter kurze Berichte.

Danach können die Rollen getauscht werden: Die Gruppe „A" beobachtet und die Gruppe „B" diskutiert.

Auswertungsgesichtspunkte

▲ Welche Punkte wurden angesprochen?
▲ Waren diese Punkte eher pauschal oder konkret?
▲ Gab es Unterschiede zwischen Gruppe A und Gruppe B?
▲ Welche Konsequenzen können für den weiteren Gruppenverlauf gezogen werden?

Vgl. Klaus Vopel: Interaktionsspiele. Teil 3. Hamburg 1978, S. 55 ff.

Variationen

1. Jede Schülerin bzw. jeder Schüler
erhält zwei Karteikarten. Jede bzw. jeder schreibt auf eine Karte die positiven, auf die andere die negativen Eindrücke. Die Karten werden anschließend an die Wand geheftet und gemeinsam besprochen.

2. Anhand des Arbeitsmaterials „Auswertungsgesichtspunkte zum Projektverlauf" (siehe nächste Seite) besprechen Kleingruppen (6 bis 8 Schülerinnen und Schüler) den bisherigen Verlauf. Sie fertigen über ihre Ergebnisse eine Wandzeitung an. Die Wandzeitungen der verschiedenen Kleingruppen werden verglichen.

Material

▲ Bleistifte
▲ Karteikarten
▲ Papier
▲ Beobachtungsbogen

ca. 40

Zwischenbilanz & Auswertung

Projektkritik
Arbeitsmaterial

Auswertungsgesichtspunkte zum Projektverlauf

Auf die Klasse bezogen

1. Struktur
- Wie geht die Klasse bei der Aufgabenbewältigung vor?
- Welche Verhaltensregeln bilden sich heraus?
- Welches Leitungsverhalten können Sie feststellen?
- Wie werden die Entscheidungen getroffen?

2. Klassenklima
- Wie ist die Stimmung in der Klasse?
- Wie gehen die Schülerinnen und Schüler mit eigenen und fremden Gefühlen um?
- Werden sie geäußert?
- Welche nonverbalen Signale zeigen einen Wechsel im Klima an?
- Welche Gefühlslage wird durch die Sprechweise deutlich?

3. Unterstützung
- Wie beeinflussen die Schülerinnen und Schüler die Entwicklung der Gruppe?
- Welche hilfreichen Verhaltensweisen können Sie beobachten?

4. Störung
- Welche Verhaltensweisen stören die Aufgabe der Klasse?
- Welche schwierigen Situationen sind bislang aufgetreten?

5. Kooperation
- Wie werden die einzelnen Beiträge zusammengeordnet?
- Welche Verhaltensweisen führen zur Zustimmung?
- Welche Verhaltensweisen führen zum Konsens?
- Welche Verhaltensweisen sind zu beobachten, die zu einem nur oberflächlichen Konsens führen („ich auch").

Auf das Thema bezogen
- Wird das Thema umfassend und kompetent behandelt?
- Welche Aspekte werden zu stark betont bzw. vernachlässigt?
- Werden Gegenpositionen einbezogen?
- Werden Hintergründe und Zusammenhänge deutlich?

Auf die Darstellung bezogen
- Welche Methoden werden angewendet?
- Ist Methodenvielfalt vorhanden?
- Sollten andere Methoden Verwendung finden?
- Welche Sinne sprechen die praktizierten Methoden an?
- Bleibt eigener Gestaltungs- und Handlungsspielraum?
- Wann und wie werden die Schülerinnen und Schüler einbezogen?

Auf die Lehrerin / den Lehrer bezogen
- Wie verteilen sich die Gesprächsanteile zwischen Lehrerin/Lehrer und Schülerinnen und Schülern?
- Wie gehen Schülerinnen und Schüler, wie die Lehrerin / der Lehrer damit um?
- Wie wirkt die Lehrerin / der Lehrer in Bezug auf
  - ihre bzw. seine Aufmerksamkeit beim Zuhören?
  - die Verständlichkeit ihrer bzw. seiner Äußerungen?
  - ihre bzw. seine persönliche Beteiligung?

Blitzlicht

Ein „Blitzlicht" ist eine kurze Äußerung aller Schülerinnen und Schüler zu einem klar umrissenen Thema (Problem, Situation, Fragestellung).

Vorgehensweise

▲ Die Schülerinnen und Schüler sitzen im Kreis.

▲ Die Lehrerin bzw. der Lehrer benennt die Frage (z. B. „Was erwarte ich vom heutigen Tag?", „Wie interessant ist für mich das Thema?", „Welche Erfahrung (Thema usw.) war für mich heute wichtig?") und gibt einen Gegenstand (z. B. eine Kastanie) an die Nebensitzerin bzw. den Nebensitzer.

▲ Diese bzw. dieser drückt mit einem (maximal zwei) Sätzen ihre bzw. seine Stimmung aus und gibt dann die Kastanie weiter.

▲ Wer nichts sagen will, gibt die Kastanie wortlos weiter. Auf diese Weise äußern sich der Reihe nach alle Schülerinnen und Schüler.

Wichtig ist, daß während des Blitzlichtes keine Diskussion stattfindet. Die Äußerungen der Einzelnen sollen auch nicht kommentiert oder kritisiert werden. Jede bzw. jeder drückt zunächst nur ihre bzw. seine Meinung und Einstellung aus.

Weiterarbeit

Ein Blitzlicht braucht nicht weiterbearbeitet zu werden. Es kann als momentane Bestandsaufnahme zu einem Thema für sich stehen bleiben. Soll es jedoch als Grundlage für eine Entscheidung über das weitere Vorgehen verwendet werden, so sollte im Anschluß in der Klasse über die verschiedenen Aspekte, die während des Blitzlichtes sichtbar wurden, diskutiert werden.

Ein Blitzlicht kann immer dann eingesetzt werden, wenn man sich über die Stimmung in der Klasse vergewissern will, denn es vermittelt auf schnelle Weise ein Meinungsbild.

10–15

Zwischenbilanz & Auswertung

Selbstverpflichtungen

Selbstverpflichtungen zu formulieren oder zu unterschreiben, sind Angebote an Schülerinnen und Schüler, für ihren Beruf und Alltag gewisse Konsequenzen zu ziehen.

Es handelt sich dabei um Absichtserklärungen, deren Einhaltung allein von den betreffenden Personen überprüft und verantwortet wird. Selbstverpflichtungen können am Ende eines Unterrichtsthemas, Projektes usw. die Frage, „was tun?" ein Stück weit beantworten, indem sie Konsequenzen für das eigenen Verhalten formulieren. Die Verantwortung für diese Konsequenzen bleibt dabei bei den einzelnen Schülerinnen und Schülern. Gesammelt und gebündelt können jedoch Selbstverpflichtungen eine politische Dimension erlangen.

Selbstverpflichtungen selbst formulieren

Am produktivsten ist es, wenn von den Schülerinnen und Schülern die Selbstverpflichtung auf dem Hintergrund des Unterrichtsgeschehens selbst formuliert wird. Möglich sind dabei auch ganz individuelle Selbstverpflichtungen.

Vorhandene Selbstverpflichtungen mittragen

Zu vielen Bereichen (vor allem bei Umweltthemen) gibt es bereits Selbstverpflichtungserklärungen, die häufig in politische Aktionen integriert sind. Diese Erklärungen können besprochen und evtl. von den Schülerinnen und Schülern, die dies wollen, unterzeichnet werden.

Vorsicht

Selbstverpflichtungen dürfen nicht aufgrund von Gruppendruck oder moralischem Druck zustande kommen. Sie erfüllen ihre Funktion, ein Zeichen für sich selbst und evtl. durch die Veröffentlichung auch für andere zu setzen, nur auf dem Hintergrund von Freiwilligkeit.

Selbstverpflichtungen sollten so formuliert sein, daß sie die Unterzeichnerinnen und Unterzeichner nicht überfordern. Sie müssen im Alltag einlösbar sein, sonst verursachen sie u. U. unnötige Schuldgefühle.

Variation

Anstatt einer Selbstverpflichtung kann auch eine „Schlußakte" formuliert werden, die wesentliche Erkenntnisse des Seminars stichwortartig festhält.

Schlußakte

Zum Zusammenleben mit Fremden

1. in der Familie

2. in der Arbeitsstelle

3. im kommunalen Bereich

4. im gesellschaftlichen Bereich

Selbstverpflichtungen Beispiel

Mitmachen für die Zukunft

**Meine persönliche Verpflichtung.
Ich bin bereit ...**

Energie

Ich werde während des nächsten Jahres bei mir zu Hause mindestens 10 Prozent weniger Öl, Kohle, Gas und/oder Elektrizität verbrauchen. Ich werde auf jeglichen Gebrauch von FCKW verzichten. Ich werde mich bei meiner Regierung dafür einsetzen, daß sie konkrete Schritte zur Reduzierung des CO_2-Ausstoßes einleitet, damit ihr Ziel einer 30-prozentigen Einsparung dieses Klimagases bis zum Jahr 2005 erreicht werden kann.

Verkehr

Ich werde versuchen, die Zahl der jährlich mit meinem Wagen gefahrenen Kilometer um 30 Prozent zu reduzieren und mich an ein Tempolimit halten. Ich werde öffentliche Verkehrsmittel benutzen, mit dem Rad fahren oder zu Fuß gehen. Ich werde mich bei meiner Regierung dafür einsetzen, das öffentliche Verkehrssystem stärker auszubauen und zu subventionieren.

Verschuldung

Ich werde meine Bank und die Bundesregierung auffordern, den ärmeren Ländern ihre Schulden zu erlassen.

Abfallvermeidung

Ich werde helfen, bei der Arbeit, in der Schule und an meinem Wohnort Müll zu vermeiden, mehr Pfandverpackungen kaufen und wiederverwertbaren sowie Sondermüll getrennt entsorgen. Ich werde mich bei meiner Regierung dafür einsetzen, daß sie durch vorsorgende Umweltpolitik den Maßnahmen zur Müllvermeidung Vorrang gibt.

Wälder

Ich verzichte auf den Kauf von Tropenholzprodukten und werde mich bei meiner Regierung dafür einsetzen, daß sie durch eine Verringerung der Luftbelastung auch die heimischen Wälder schützt, und wir in der Bundesrepublik zu einer naturnahen Waldbewirtschaftung zurückkehren.

Konsum und eigene Initiative

Ich werde auf den Kauf von umweltschädigenden Produkten verzichten, meinen Fleischkonsum verringern und naturbelassene, einheimische Lebensmittel bevorzugen. Ich werde bei Gruppen, Verbänden, Gewerkschaften und Parteien eine Politik aktiv unterstützen, die zur Förderung gerechter Lebensverhältnisse weltweit beiträgt und sich für den Erhalt der Umwelt einsetzt.

Das Projekt „Eine Welt für alle" ist ein Zusammenschluß von 38 Organisationen der Entwicklungszusammenarbeit und Erwachsenenbildung in der BRD. Im Vorfeld der Begleitung des Erdgipfels in Rio de Janeiro (UN-Konferenz über Umwelt und Entwicklung 1992) wurde diese Selbstverpflichtungserklärung veröffentlicht.

Zwischenbilanz & Auswertung

Zwischenbilanz & Auswertung

Visualisierungen

Grundsätzliches

Gestaltungselemente

Medien

Mind-Mapping

Vorstrukturierte Bilder

Wandzeitungen

Folien

Die Visualisierung von Aussagen und Arbeitsergebnissen ist eine der ständigen Aufgaben der Lehrerin / des Lehrers.

Visualisierung mit Hilfe von Symbolen, Schrift, Bildern und Farben soll das gesprochene Wort nicht ersetzen, sondern ergänzen.

Visualisierungen können verwendet werden, um
▲ Begriffe, Zeichnungen, Skizzen für einen Einstieg zu gestalten,
▲ Assoziationen, Begriffe usw. zu sammeln und zu sortieren,
▲ Zusammenhänge durch Bilder und Graphiken zu veranschaulichen,
▲ kreative Bilder entstehen zu lassen,
▲ anhand eines Schaubildes ein ganzes Thema zu entfalten,
▲ Ergebnisse der Diskussion oder Gruppenarbeit festzuhalten.

Visualisierungen führen nicht nur zu einer verstärkten Aufmerksamkeit der Schülerinnen und Schüler, sondern fördern auch das Behalten des Lerninhalts.

Grundsätzliches zur Visualisierung

Visualisierung ist eine optische Unterstützung des gesprochenen Wortes. Den Schülerinnen und Schülern soll es ermöglicht werden, auch optisch „mitzudiskutieren".

Das gelingt am besten durch die übersichtliche Anordnung der Visualisierungselemente. Ein vollgeschriebenes Plakat verführt zum Monolog. Erst die Freifläche macht den optischen Gedankenaufriß erweiterbar und ergänzbar.

Neben der Schrift können auch andere Elemente der Visualisierung wie bunte Karten, Linien, Pfeile, Punkte usw. verwendet werden. Wichtig ist jedoch, daß diese Elemente gezielt und immer in der gleichen Bedeutung eingesetzt werden.

Die Visualisierung ist nicht primär ein Instrument der Lehrerin oder des Lehrers, sondern auch aller Schülerinnen und Schüler. Wenn sie oder Arbeitsgruppen ihre Gedanken und Arbeitsergebnisse nach bestimmten, festgelegten Visualisierungstechniken festhalten, können schnell die zentralen Aussagen und der rote Faden sichtbar gemacht werden. Aussagen werden, wenn sie visualisiert werden, für alle transparent. Ein „optisches Protokoll" erlaubt es allen, den Stand der Diskussion und die Problembereiche leicht zu erfassen. Aber: zu beachten ist, daß Visualisierungen immer der Interpretation bedürfen.

Einige Regeln für den richtigen Schriftgebrauch

Blöcke bilden.

Ganze Sätze und zu breit gezogene Schrift vermeiden.

Groß- und Kleinbuchstaben verwenden.

Schmal schreiben.

Gleiche Schriftgröße für gleichartige Aussagen.

Lesegewohnheiten beachten (von links oben nach rechts unten).

Nur bekannte Abkürzungen verwenden.

Geschriebenes aus der Entfernung überprüfen.

Zusammenhänge durch gleiche Farben und Formen herstellen.

Visualisierungen müssen vorbereitet werden

Es muß klar sein:

▲ Welche Inhalte sollen dargestellt werden?
▲ Welches Ziel soll die Darstellung haben?
▲ Welche Darstellungselemente sollen verwendet werden?
▲ Mit welchen Medien soll die Darstellung erfolgen?
▲ Welche Kurzbegriffe sollen für welche Sachverhalte stehen?

Funktionen der Visualisierung

Animation
Information
Dokumentation
Veranschaulichung
Ergebnissicherung

Schrift

▲ Es kommt nicht auf Schönschrift an, sondern auf Lesbarkeit bis zu einer Entfernung von ca. acht Metern (das entspricht dem Raumbedarf einer Klasse von 20–30 Personen).

▲ Wichtig ist es, für gleichwertige Aussagen immer die gleichen Schriftgrößen zu verwenden. Die Strichstärke muß der Schrifthöhe entsprechen.

▲ Niedergeschrieben werden sollen keine ganzen Sätze, sondern Stichworte, die den Gedanken am besten charakterisieren.

▲ Die Lesbarkeit wird erhöht, wenn Groß- und Kleinbuchstaben benutzt werden. Kleinbuchstaben ergeben durch den Wechsel zwischen Ober-, Mittel- und Unterlänge charakteristische Wortbilder, die schneller aufzunehmen sind. Zudem lassen sich auf einer gegebenen Zeilenlänge mehr Klein- als Großbuchstaben unterbringen. Die Handhabung des Stiftes muß geübt werden. Bei Filzstiften muß man z. B. die Breitseite benutzen und nicht die Spitze.

Karten

▲ Häufig empfiehlt es sich, nicht direkt auf eine Tafel oder einen großen Bogen Papier zu schreiben, sondern auf vorbereitete Papierstreifen oder Karten. Diese können dann beliebig gruppiert und zugeordnet werden.

▲ Nicht nur die Lehrerinnen und Lehrer, sondern auch die Schülerinnen und Schüler können Fragen, Aussagen, Stellungnahmen auf Karten schreiben, die dann an die Wand gepinnt und nach Inhalten sortiert werden können.

Farben

▲ Gibt es keine Unterscheidungsmerkmale nach der Wichtigkeit, so empfiehlt es sich, alles auf weiße Karten zu schreiben.

▲ Werden Gedankensammlungen von vornherein strukturiert (z. B. „was war gut", „was war schlecht"), so sind den beiden Kategorien jeweils unterschiedliche Farben zuzuordnen.

▲ Werden Gedanken z. B. nach ihrer Wichtigkeit gruppiert, so empfiehlt es sich, Farben nach steigender Auffälligkeit zu verwenden (z. B. weiß, gelb, grün und orange). Die durch Farben gekennzeichneten Kategorien müssen natürlich vor Beginn der Gedankensammlung genannt werden.

▲ Farbzuordnungen können auch durch farbigen Karton oder durch farbiges Unterstreichen oder Einrahmen vorgenommen werden.

Was zu beachten ist

▲ Nur die Darstellung, über die gerade gesprochen wird, soll im Blickfeld der Schülerinnen und Schüler stehen. Andere Darstellungen lenken nur ab.

▲ Alle Schülerinnen und Schüler sollen die Visualisierung gut sehen und lesen können.

▲ Beim Erklären der Visualisierung sollte sich die Lehrerin / der Lehrer den Schülerinnen und Schülern zuwenden und nicht zur Wand oder zur Tafel sprechen.

▲ Am besten ist es, neben der Pinwand oder Tafel zu stehen, um bestimmte Elemente direkt zeigen zu können (evtl. mit Teleskop-Stift).

▲ Die Visualisierung kann auch als „roter Faden" für Ausführungen benutzt werden.

Vgl. Telse Schnell-Cölln: Visualisierung – die optische Sprache für problemlösende und lernende Gruppen. Metaplan-Reihe, Heft 6, Quickborn 1975.
Josef W. Seifert: Visualisieren – Präsentieren – Moderieren. Speyer 1992.

Literaturhinweise

Rüdenauer, Manfred: Psychologie und Technik der Präsentation. Landsberg 1981.
Wohlleben, Hans-Dietrich: Techniken der Präsentation. Gießen 1988.

Elemente der Visualisierung

(wie sie beim Metaplan-Verfahren* verwendet werden)

▲ Karten in weiß, gelb, grün, orange als
Rechtecke, 10 x 20 cm
Ovale, 11 x 19 cm
Kreise, 20, 14, 10 cm Durchmesser

▲ Schriftgrößen
Überschrift-Größe
Schriftgröße für kurze Aussagen

▲ Zwei Schreibergrößen in
schwarz, rot, blau, grün

▲ Kräftige und dünne Verbindungslinien

▲ Der Konfliktpfeil

▲ Freie Formen, wie Wolke oder großes Oval zum Betonen

▲ Die Freifläche

▲ Selbstklebepunkte in zwei Farben
(19 mm Durchmesser)

* Das Metaplan-Verfahren ist eine Methode der Visualisierung, die stark normierte Elemente (Schriftgrößen usw.) verwendet.

Gestaltungselemente einer Visualisierung

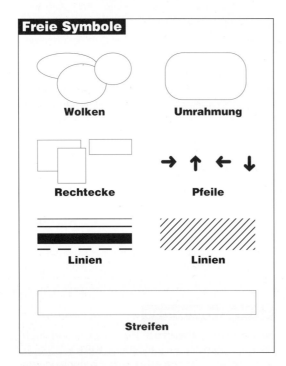

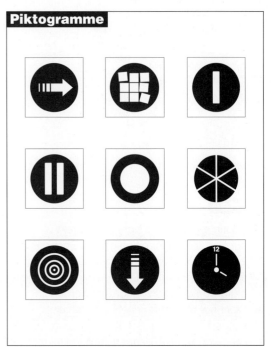

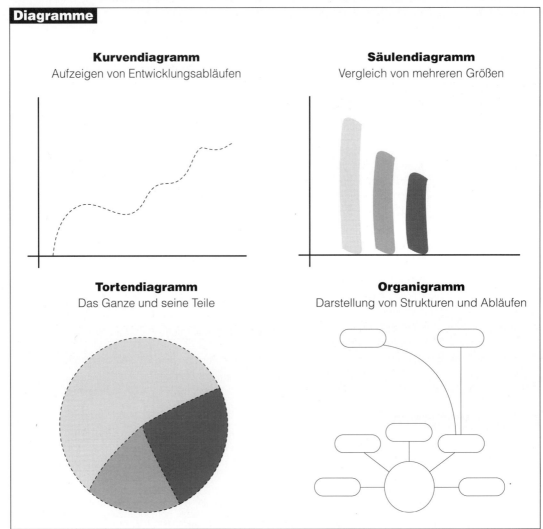

Visualisierungen

Visualisierungs-Medien

Wandtafel
Einfach zu handhaben, Umgruppierungen und Einfügungen sind immer möglich; ökologisch unbedenklich.

Nachteile
Volle Tafeln müssen abgewischt werden.

Flip-Chart
Leicht zu transportieren, kann überall aufgestellt werden. Es können vorgefertigte Charts verwendet werden; volle Blätter können an die Wand geheftet werden.

Nachteile
Korrekturen sind aufwendig.

Pin-Wand
Haftungstechnik muß beachtet werden (Nadeln, Magnet usw.). Kärtchentechnik ist leicht möglich. Kann leicht ergänzt und sortiert werden. Ergebnisse von Gruppenarbeiten können in gemeinsame Gestaltung integriert werden. Schülerinnen und Schüler können leicht einbezogen werden.

Nachteile
Spezielle Stellwände sind notwendig. Setzt Übung im Umgang voraus.

Tageslicht-Projektor
Ausgearbeitete oder kopierte Folien erleichtern die Darstellung. Schaubilder können leicht vergrößert werden. Ständiger Blickkontakt mit Schülerinnen und Schülern möglich. Folien können als Arbeitsunterlagen weiterkopiert werden, wiederholte Verwendung der Folien ist möglich.

Nachteile
Wirkt bei zu vielen Folien leicht ermüdend. Leinwand oder freie Wandfläche erforderlich, Nebengeräusche des Projektors; Folien und Schreiber sind ökologisch nicht unbedenklich.

Dia-Projektor
Hervorragende Bildqualität, gute Bilder sprechen auch den Gefühlsbereich an. Abwechslung zu sonstiger Präsentationstechnik, hohe Erwartungshaltung der Schülerinnen und Schüler.

Nachteile
Strukturierter Ablauf. Reihenfolge der Bilder ist relativ starr. Schaubilder als Dia zu produzieren, ist relativ aufwendig. Raum muß abgedunkelt werden, Aufwand für Geräteaufbau.

Mind-Mapping (1)

Mind-Mapping ist eine Methode zum Aufschreiben und Aufzeichnen von Gedanken. Diese Visualisierungsform versucht den Vorgängen in unserem Gehirn gerecht zu werden.

„Das Denken soll wie eine Landkarte abgebildet werden. Unsere Gedanken springen von einem zentralen Thema zu einem anderen, befassen sich dazwischen mit einer Detailfrage oder streifen ganz entfernte Bereiche. Wir verfolgen Gedankenpfade, stellen Gabelungen und Verzweigungen her, verlassen plötzlich diesen Weg, suchen einen anderen auf, um dann wieder beim ersten oder bei einem anderen weiterzudenken. Und trotzdem bleibt der Überblick über das Ganze erhalten.

Dieser komplexe Vorgang läßt sich mit linearen, logisch stringent geordneten Schreibtechniken nur ungenau abbilden, Gedanken müssen erst in Texte umgearbeitet werden. Dabei geht bisweilen viel Inhalt verloren. (...)

Im Mind-Mapping-Prozeß werden Gedanken nicht verarbeitet, sondern einfach notiert, so wie sie aus dem Kopf kommen. (...)

Anwenden läßt sich diese Mind-Mapping-Technik überall da, wo Ideen produziert, geordnet und notiert werden sollen: Planungen, Manuskripte, Konzepte für Veranstaltungen, Redeunterlagen, Briefe, Prüfungsvorbereitungen usw."

Traute Langner-Geißler / Ulrich Lipp: Pinwand, Flipchart und Tafel. Mit den Augen lernen. Band 3. Weinheim/Basel 1991, S. 72 f.

Regeln für das Mind-Mapping

Die Waagrechte suchen
Tafel und Pinwände lassen sich nicht auf den Kopf stellen. Deshalb ist es wichtig, mit den Ästen die Waagrechte zu suchen, so daß alles ohne Verrenkungen gelesen werden kann. (Es empfiehlt sich also, Papiere im Querformat aufzuhängen.)

Verästelungen beschränken
Um Übersichtlichkeit zu gewährleisten, sollte die Zahl der Hauptäste beschränkt und die Nebenäste nach Möglichkeit nicht noch weiter verästelt werden.

Im Uhrzeigersinn anordnen
Wenn Mind-Maps nicht spontan entstehen, sondern zu Präsentationszwecken schon überlegt oder vorbereitet sind, ist es für den Betrachter nützlich, die Hauptäste und Schlüsselwörter im Uhrzeigersinn nacheinander anzuordnen. Das kommt der Wahrnehmung sehr entgegen.

Auch Bilder verwenden
So oft es geht, sollen in Mind-Maps Wörter durch markante Bilder ersetzt werden. Sie sind schneller aufzunehmen, leichter einzuprägen und regen das Weiterdenken an.

Die Gestaltung

Auf einer Tafel oder einem großen Bogen Papier wird das Thema oder der Ausgangsbegriff geschrieben und umrandet. Die zentralen Aspekte des Themas werden in Form von Linien („Hauptästen"), die von diesem Zentrum ausgehen, festgehalten. Die Hauptäste können nun in Nebenäste weitergeführt werden. Man kann nun an jeder beliebigen Stelle ergänzen und einfügen. Neben Begriffen können auch Symbole, Piktogramme, Zeichnungen, Fotos, Bilder usw. verwendet werden.

Mind-Mapping (2)

Gestaltungsmöglichkeiten

Schrift: Am besten ist es, mit gut leserlichen Druckbuchstaben klein und groß abwechselnd zu schreiben.

Farbe: Hauptäste und Nebenäste können farblich unterschieden werden. Farben dienen dazu, zentrale oder zusammengehörige Begriffe, Äste, Felder durch Hinterlegen oder Einrahmungen farblich zu kennzeichnen.

Raumaufteilung: Diese ergibt sich beim Mind-Mapping meist von selbst, vermeiden sollte man jedoch eine Rechts- oder Linkslastigkeit mit vielen Hauptästen auf einer und wenigen auf der anderen Seite.

Symbole: Hier kommt den Pfeilen eine besondere Bedeutung zu. Mit ihnen werden Zusammenhänge und Wechselbeziehungen angedeutet. Widersprüche, Fragen und Betonungen, Wertungen und Reihenfolgen lassen sich durch andere Zeichen leicht ausdrücken.

Zeichnen: Gezeichnet werden kann alles, was sich in wenigen Strichen darstellen läßt, nicht viel Platz braucht und doch zu erkennen ist.

Montieren: Montieren lassen sich vor allem Bilder, aber auch verschiedene Materialien (z. B. Gräser, Wolle).

Traute Langner-Geißler / Ulrich Lipp: Pinwand, Flipchart und Tafel. Mit den Augen lernen. Band 3. Weinheim/Basel 1991, S. 76 f.

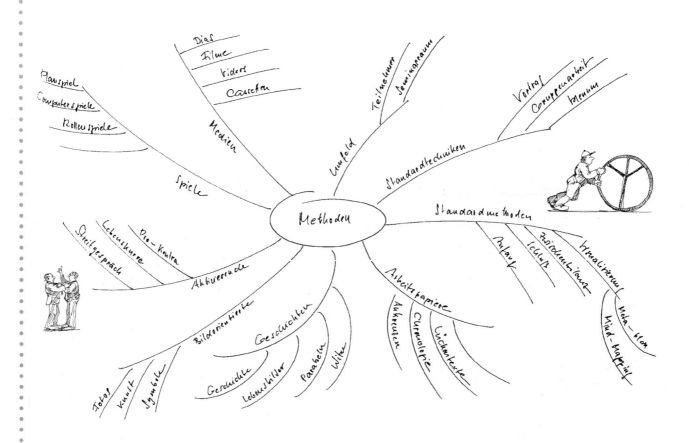

Visualisierungen

Vorstrukturierte Bilder

Informationen bedürfen zur Aufnahme und Verarbeitung einer gewissen Struktur, einer logischen Abfolge bzw. einer Verknüpfung mit Bekanntem.

Eine Möglichkeit, um Verbindung und Struktur sichtbar zu machen, sind vorstrukturierte Bilder, die (noch ohne Inhalt, nur zum Teil oder ganz ausgefüllt) präsentiert werden.
Besonders geeignet sind hierfür „**Haus-**" oder „**Baum-Bilder**", in deren Zimmern oder Blättern vielfältige Informationen untergebracht werden können (es ist aber ebensogut möglich, einfach leere Diagramme, Tabellen oder Organigramme zu verwenden).

Veranschaulichung von Informationen

Werden vorstrukturierte Bilder zur Veranschaulichung von Informationen verwendet, so werden die Informationsteile logisch zergliedert und in neuer Form präsentiert, was einen leichteren Umgang mit dieser Information bewirkt. Teilinformationen können so auch aufeinander aufbauend visuell präsentiert werden.

Ergänzung durch die Schülerinnen und Schüler

Vorstrukturierte Bilder können Teilinformationen enthalten, so daß der ergänzungsbedürftige Aspekt deutlich wird. Werden solche Bilder auf DIN-A3 oder DIN-A2 vergrößert, so können die Schülerinnen und Schüler speziell in Anfangssituationen spontan ergänzen und ausfüllen. Solche Bilder können dann z. B. über die gesamte Projektdauer präsent sein.

Vorstrukturierte Bilder für Gruppenarbeiten

Auch in der politischen Alltagssprache werden häufig für die Beschreibung politischer Prozesse Bilder verwendet: z. B. „Das gemeinsame Haus Europa". Ein solches Haus kann als Rahmen (Grundriß usw.) als Grundlage für die Gruppenarbeit verwendet werden.

Beispiel:

Das „europäische Haus"

Aufgabe:
Wer wohnt in dem Haus, wer erhält wieviel Platz, wer wohnt neben wem? Welche Regeln des Zusammenlebens gibt es? usw.

Aus: Geschichtsbuch. Die Menschen und ihre Geschichte in Darstellungen und Dokumenten. Ergänzungsheft. Frankfurt 1992, S. 58.

Vorstrukturierte Bilder
Kopiervorlage

Visualisierungen

71

Wandzeitungen

"Historisch gesehen ist die Wandzeitung als Mittel der Agitation und politischen Meinungsäußerung in der Sowjetunion entstanden. Besondere Verbreitung hat sie als ‚Tatzupao' (‚Zeitung der großen Schriftzeichen'), in der VR China gefunden, wo sie sogar verfassungsmäßig als Mittel der politischen Auseinandersetzung verankert ist. In der Bundesrepublik Deutschland und im übrigen Westeuropa wurde ab 1968 die Wandzeitung auch von der studentischen Protestbewegung und anderen, sich als ‚basisdemokratisch' bezeichnenden Bewegungen als Mittel der Gegeninformation eingesetzt, weil man die Berichterstattung der Massenmedien als einseitig oder irreführend ansah. Im schulischen Bereich wird die Wandzeitung seit 1924 von dem französischen Pädagogen Célestin Freinet und der von ihm gegründeten Bewegung ‚Ecole Moderne' eingesetzt."

Hans Jörg: Wandzeitung und Plakat. In: W. W. Mickel / D. Zitzlaff (Hrsg.): Handbuch zur politischen Bildung. Bonn 1988, S. 381.

In der Seminararbeit werden Wandzeitungen vor allem auf drei Arten verwendet: als Informationswand, als Ergebniswand und als Meinungswand.

Wandzeitung als Informationswand

Als Informationswand wird die Wandzeitung von den Schülerinnen und Schülern zum jeweiligen Unterrichtsthema mit Zeitungsausschnitten, Aussagen, Zitaten, Tabellen, Bildern usw. beklebt, beschrieben und bemalt. Sie dient hier der gezielten Visualisierung von Informationen. Wichtig ist es sich abzusprechen, wer die Gestaltung der Wandzeitung übernimmt.

So können sich auf der Wandzeitung befinden:
- ▲ alle Zeitungsartikel, die während der Unterrichtsreihe zum Thema erscheinen;
- ▲ Zeitungsartikel verschiedener Zeitungen zu einem Thema;
- ▲ Stellungnahmen von Personen oder Parteien;
- ▲ wichtige politische Entscheidungen;
- ▲ Chronologien, Tabellen, Schaubilder, Fotos;
- ▲ Karten verschiedener Regionen; usw.

Die so gesammelten Materialien sollten regelmäßig kritisch besprochen und kommentiert werden.

Wandzeitung als Ergebniswand

Ergebnisse aus Diskussionsrunden, aus Gruppenarbeiten oder Partnerinnen- und Partnerdiskussionen können auf Wandzeitungen festgehalten werden. Vergleichbar werden solche Wandzeitungen, wenn zuvor grobe Gliederungs- (oder Gestaltungs-)punkte abgesprochen wurden. Anhand dieser Visualisierungen werden sie dann der Klasse vorgestellt. Wichtig ist hierbei, daß die Wandzeitung so beschrieben und gestaltet wird, daß sie für die anderen einen Informationswert besitzt. Da sich auf Wandzeitungen i. d. R. nur Begriffe oder Stichworte befinden, bedarf es der Erläuterung und Kommentierung.

Wandzeitung als Meinungswand

Auf dieser Meinungswand, die im Klassenzimmer oder im Foyer hängt, können persönliche Stellungnahmen und Äußerungen der Schülerinnen und Schüler zum Thema und Verlauf des Unterrichtsprojektes geäußert werden. Bei längeren Projekten sollte die Meinungswand in der Mitte des Projektes ausgewechselt werden, um Platz für neue Äußerungen zu bekommen.

Es kann auch sehr hilfreich sein, bestimmte Rubriken als Vorgaben einzuführen, z. B. **„Wünsche"**, **„Kritik"**, **„Vorhaben"**, **„Gelungenes"**.

Erstellung einer Wandzeitung zum Thema als Gruppenaufgabe

Die Erstellung einer Wandzeitung kann auch als eigene Gruppenaufgabe gestellt werden. Dabei ist darauf zu achten, daß das Thema klar formuliert wird. Besonders in der Anfangsphase einer Unterrichtsreihe kann auf diese Weise das Vorwissen der Schülerinnen und Schüler in die Arbeit einfließen.

Wandzeitungen Beispiele

Abschrift von Wandzeitungen aus Kleingruppen

Was gehört alles zu Gewaltspielzeug?

- Messer
- Pistolen, Gewehre
- Pfeil und Bogen
- Modellbau: Panzer, Flugzeuge, Kriegsschiffe
- Eigenbau: Panzer, Flugzeuge, Kriegsschiffe
- Soldaten, Plastikfiguren
- Master-Figuren, Zubehör
- Szenarien
- Brettspiele
- Bewegungsspiele
- Video-Computer-Spiele
- Kataloge, Werbung
- Bücher, Comics
- Filme, Kassetten
- Nachrichtensendungen

Warum spielen Kinder mit Kriegs- und Gewaltspielzeug?

- Macht über andere (als Schwächerer, als Stärkerer)
- Verarbeitung von Filmen, Kassetten, Comics (Medien)
- Verarbeitung von Streitsituationen in der Familie und im sozialen Umfeld
- Spielhandlung kann selbst bestimmt werden
- macht Krach und Spaß
- austoben, abreagieren
- Reiz, weil verboten
- Bewältigung von allgemeinen Ängsten und Kriegsängsten
- Nachahmung von Idealen, Helden
- motivierende Werbung im Fernsehen
- Gruppenzwang
- Ansteckung
- Phantasielosigkeit?
- Aktualität
- einfache und schnelle Konfliktlösung

Wie kann man mit Gewaltspielzeug umgehen?

- verbieten
- tolerieren
- tolerieren, aber ich mag es nicht
- wegnehmen
- zerstören
- nicht beachten – Kind anderweitig motivieren
- drohen
- mitspielen
- tabuisieren
- verdrängen
- zwiespältig – mal so, mal so reagieren
- Grenzen setzen

Visualisierungen

Folien

Folien (oft auch als Arbeitstransparent bezeichnet), die über einen Tageslichtprojektor projeziert werden, können Gesprochenes visuell unterstützen oder sie können durch Gezeigtes einem Gespräch neue Impulse geben. Dabei bleibt durch die einfache Anwendung Spontaneität und Improvisation möglich.

Auch die gesamte Klasse kann und sollte einbezogen werden: eigene Folien gestalten, Bildfolgen entwerfen, gemeinsam Situationen symbolhaft darstellen etc.

Einige Anwendungsmöglichkeiten

▲ Text direkt auf Folie schreiben.
▲ Schaubilder auf Folien kopieren.
▲ Karikaturen auf Folie kopieren.
▲ Fotos zum Einstieg auf Folie kopieren
  (wirkt mit Farbkopien am besten).
▲ Sich ergänzende Teile eines Schaubildes auf mehrere Folien kopieren, die dann übereinandergelegt werden.
▲ Grundstrukturen von Schaubildern, (z. B. Umrisse von Ländern) vorbereiten, den Rest aktuell ergänzen oder von der Klasse ergänzen lassen.
▲ Mit alltäglichen Gegenständen symbolhaft illustrieren (z. B. durch die Verwendung von Kieselsteinen, Streichhölzern, Schlüsseln, Chips etc.).
▲ Schattenrisse herstellen
  (von Ländern, Personen etc.).
▲ Spielfiguren, Gegenstände, Häuser etc.;
  für Szenarien herstellen.
▲ Mit transparenten Glasmalfarben
  auf Folien malen.
▲ Bilder auf Plakate und Poster übertragen.
  Durch die Projektion auf ein an der Wand befestigtes großes Papier können Umrisse und ganze Bilder großflächig übertragen werden. Durch die Kombination verschiedener (Teil-)Bilder und Symbole können dabei neue Bilder zusammengesetzt werden.

Hinweise zum Einsatz

▲ Vor allem visuelle Elemente einsetzen (Symbole, Graphiken etc.). Mit der Schrift sparsam umgehen.
▲ Kernbegriffe, kurze Thesen, Lückentexte, Assoziationen erwecken mehr Aufmerksamkeit als lange Texte.
▲ Die Schülerinnen und Schüler einbeziehen. Der Tageslichtschreiber sollte nicht nur von der Lehrerin und dem Lehrer benutzt werden.
▲ Auf großzügige Darstellung und
  große Schrift achten.
▲ Verschiedene Farben und Strukturhilfen (Pfeile, Verbindungslinien, Kreise, Kästchen etc.) verwenden.
▲ Wichtig: Hinweise nicht mit der Hand an der Leinwand geben, sondern mit einem Stift auf der Projektionsfolie. So bleibt der Blickkontakt mit den Schülerinnen und Schülern erhalten.
▲ Wo es sich anbietet, nicht die ganze Folie auf einmal zeigen, sondern Teile abdecken und nur nach und nach freigeben.
▲ Den Projektor immer dann, wenn er nicht gebraucht wird, abschalten!
▲ Den Projektor nicht schräg stellen, da dies zu einer trapezförmigen Verzerrung des gesamten Bildes führt.

Kreativer Umgang

In Zeitschriften vorgefundenes Bildmaterial kann (nachdem es auf Folie kopiert worden ist) kreativ verwendet und verändert werden:
▲ Heraustrennen unerwünschter Bildteile;
▲ Hinzufügen neuer Texte;
▲ Hinzufügen von Sprech- und Denkblasen;
▲ Auseinanderschneiden von Text-Bild-Folgen (Cartoons) etc.;
▲ Montage verschiedener Bild- und Textteile;
▲ Zerlegen von Karikaturen zu Aufbautransparenten;
▲ Verändern durch Hinzufügen anderer Farben, bzw. farbiges Ausmalen;
▲ Überraschungseffekte durch Abdecken bestimmter Bildteile.

Vgl. Gerhard Jost: Zum Umgang mit Folien. Gelnhausen u. a. 1983.

Aktivierende Methoden

- **Visionengalerie**
- **Brainstorming**
- **Streitlinie**
- **Positionenspiel**
- **Phantasiereise**
- **Entscheidungsspiel mit Punkten**
- **Ampelspiel**
- **Die amerikanische Debatte**
- **Prioritätenspiel**
- **Umfragen**
- **Legenden, Mythen, Vorurteile**
- **Spinnwebanalyse**
- **Szenarios**
- **Polaritätsprofile**

Bei aktivierenden Methoden stehen das Engagement und die Handlungsmöglichkeiten der Schülerinnen und Schüler im Vordergrund.

Diese entwickeln, verändern und gestalten Vorgaben im Rahmen von Spielen und Übungen. Aktivierende Methoden führen oft sehr schnell in eine vertiefende Auseinandersetzung mit einer Thematik ein oder machen z. B. schlaglichtartig das Meinungsspektrum der Schülerinnen und Schüler deutlich. Dabei können diese Übungen und Spiele auf sehr unterschiedlichen Ebenen angesiedelt sein: im Bereich der Phantasie, der kreativen Gestaltung oder des gemeinsamen Handelns.

In einem weiten Verständnis sind auch eine Reihe von Methoden, die anderen Kapiteln zugeordnet sind, als aktivierend zu bezeichnen.

Visionengalerie

Bei dieser Übung werden Zukunftsvorstellungen (Visionen) bildhaft ausgedrückt. Die Methode eignet sich gut zum Einstieg in zukunftsbezogene Themen, da Persönliches und Politisches gemeinsam formuliert werden kann.

Malen ist eine ursprüngliche und direkte Ausdrucksform, die oft sehr gefühlsbetont ist. Malen ermöglicht, eigenen Phantasien nachzuhängen, ohne Leistungsdruck, ohne richtig oder falsch, ohne Inneres nach außen zu kehren.

Jede bzw. jeder trägt eine Vision einer anderen, besseren Welt oder aber auch einer Welt, die nicht mehr zu retten ist, in sich. Diese Visionen sollen bildhaft dargestellt werden. Je nach Thema der Unterrichtsreihe kann die Arbeitsanweisung sehr offen (etwa: Unsere Zukunft in 30 Jahren) oder eher gezielt (Meine Gemeinde im Jahr 2010) erfolgen.

Ablauf

▲ Die Aufgabe wird erklärt.
▲ Jedes Klassenmitglied erhält ein großes Blatt Papier (DIN-A2). Ferner müssen genügend Farben (Wachsmalkreiden, evtl. Fingerfarben, Holzmalstifte etc.) vorhanden sein. Alle malen oder/und schreiben nun ihre Vision.
▲ Bei großen Klassen können Visionen auch in Gruppenarbeit (3–4 Personen) entstehen.
▲ Die Visionen werden als Ausstellung an die Wand geheftet.
▲ Die Visionen werden erklärt und besprochen.

Auswertung

Die Bilder werden an die Wände geheftet, so daß eine kleine Galerie entsteht. Man kann nun feierlich eine Ausstellungseröffnung gestalten, bei der sogar alle Künstlerinnen und Künstler anwesend sind und ihr Werk vorstellen. Viele Visionen sind sehr symbolhaft gezeichnet und bedürfen deshalb der Erklärung. Da Nachfragen erlaubt sind, kommt i. d. R. rasch ein Austausch über Zukunftshoffnungen und Ängste zustande, zumal Gemeinsamkeiten und Unterschiede deutlich werden.

Bei der Auswertung sollte auch nachgeforscht werden, auf welcher Basis die einzelnen Visionen entstanden sind, sowie darüber, was getan werden kann, damit diese Vision eintritt bzw. nicht eintritt. Die eigenen Visionen können nun mit Weltentwicklungen und Trends verglichen werden.

Vorsicht

Die Art der Formulierung der Aufgabe entscheidet stark darüber, ob nur „negative" Visionen oder auch positive gestaltet werden. Wenn stark negativ eingefärbte Visionen bestimmend sind, so sollten dennoch Handlungsansätze herausgearbeitet werden, die verhindern helfen, daß diese Visionen Wirklichkeit werden.

Bei vielen Schülerinnen und Schülern ist Malen oft mit Ängsten verbunden („Ich kann nicht malen"). Deshalb ist es wichtig, eine angstfreie Atmosphäre zu schaffen, in der nicht zensiert und bewertet wird, sondern alle Ausdrucksformen anerkannt werden. Dennoch gibt es immer wieder Teilnehmerinnen und Teilnehmer, die sich lieber durch Schrift ausdrücken, indem sie ihre Visionen in Stichworten formulieren. Auch dies ist erlaubt.

Materialien

▲ Für jede Schülerin und jeden Schüler einen Bogen DIN-A2-Papier.
▲ Genügend Stifte und Farben.
▲ Pin-Nadeln oder Klebeband, um die Papierbogen an die Wand zu hängen.

90–120

Sind Sie Utopist?

Sind Sie Utopist?
Ja, ich bin Utopist.
Wie realistisch soll ein Utopist sein – und wie utopisch ein Realist?
Man soll vermeiden, Realität und Traum zweizuteilen. Als Utopist muß ich Realist sein und als Realist Utopist. Wenn man die Dialektik lebt, die dialektische Spannung zwischen dem möglichen Traum und der harten Realität, dann erreicht man exakt das aufhebende Gleichgewicht zwischen beiden.

Paulo Freire in einem Interview mit Axel Zielke in: Pädagogik, 7–8/95, S. 72.

Visionengalerie Beispiele

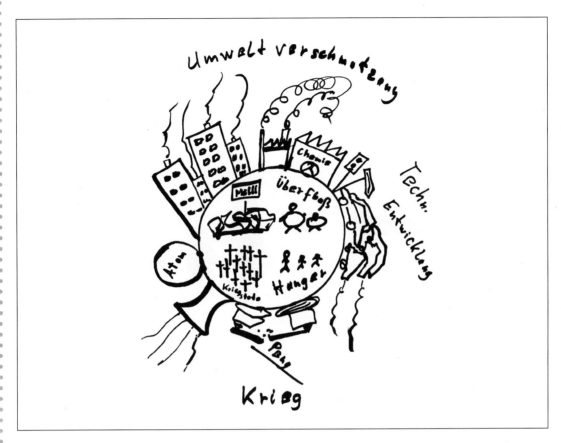

Aktivierende Methoden

Brainstorming

Brainstorming ist ein schneller Weg, Gedanken und Ideen zu einer Frage oder einem Problem zu sammeln. Dabei sind alle Schülerinnen und Schüler einbezogen.

In der ersten Phase äußern die Schülerinnen und Schülern alle Einfälle und Gedanken zu einem Thema, und seien diese noch so „abwegig". Hierzu ist ein offenes Klassenklima Voraussetzung. Eine Klasse sollte dann zum Brainstorming greifen, wenn neue, unkonventionelle Ideen gefragt sind.

Ablauf des Brainstorming

- ▲ Das Problem, die Frage, zu dem/der Einfälle gesammelt werden sollen, muß klar benannt werden.
- ▲ Eine Zeitbegrenzung sollte festgelegt werden (5–10 Minuten).
- ▲ Es muß festgelegt werden, wer die Einfälle wie festhält. Am besten eignet sich eine große Tafel oder eine Wandzeitung.
- ▲ Die Schülerinnen und Schüler sollen nun alle Gedanken äußern, die ihnen zu dem Thema einfallen. Diese sollten am besten in Form eines Stichwortes benannt werden. Gelächter, Beifall usw. wirkt in dieser Phase störend.
- ▲ Alle Ideen werden so festgehalten, daß jede bzw. jeder sie sehen kann.

Nach dieser Kreativphase kommt es in der Auswertungsphase darauf an, die Einfälle zu erläutern, sie zu ordnen und zu bewerten.

Materialien

- ▲ Wandtafel oder großes Papier.
- ▲ Stifte zum Schreiben.

Vorsicht

Das Brainstorming setzt eine gewisse Vertrautheit der Schülerinnen und Schüler untereinander und Angstfreiheit im Umgang voraus. Deshalb sollte es nicht in der Anfangsphase eines Schuljahrs angewendet werden.

35–45

Zeitbedarf:

Ca. 15 Minuten für die Kreativphase, 20–30 Minuten für die Auswertungsphase.

Aktivierende Methoden

Brainstorming Beispiele

1. Brainstorming von Jugendlichen zum Thema

„Berufswahl – Berufsorientierung"

Berufsfindung

Berufsorientierung

Berufswahl

Wünsche

Wünsche der Eltern

Reale Möglichkeiten

Konflikt zwischen Wunsch und Realität

Anpassung

Gehorsam

Autorität

Unsicherheit

Angst

Unrealistische Vorstellungen

Geldverdienen steht im Mittelpunkt

Interesse

Interesse des Betriebes

Bewußt werden, nach welchen Kriterien der Beruf gewählt wird

Freiheit im Berufsleben

Freiheit durch Veränderung

Einfluß der Lehrer

Identitätsfindung

Krise der Jugend

Pubertät

2. Brainstorming von Eltern zum Thema

„Was uns an der Schule in Zusammenhang mit Gewalt Sorge macht"

Schulstreß

Sprachschwierigkeiten ausländischer Kinder

Schlägereien mit zunehmender Brutalität

Bandenbildung

Hilflosigkeit der Lehrer

Resignation der Eltern

Plötzliches Ausflippen sonst verträglicher Schüler

Bedrohung

Furcht vor Rache

Diskriminierungen, Demütigungen

Angst vor bestimmten stärkeren Schülern

Solidarisierung mit stärkeren Schülern als Selbstschutz

Böse Worte, Beleidigungen

Unwissenheit der Eltern, was in der Schule passiert

Fehlender oder gestörter Kontakt zwischen Schule und Elternhaus

Auseinandersetzung nationaler Gruppen

Verbote von Kontakten zu Ausländern

Aktivierende Methoden

Streitlinie

Bei dieser Übung stellen sich die beiden gebildeten Untergruppen in zwei Linien gegenüber.

Dabei stehen die Einzelnen so, daß sie jeweils eine Partnerin bzw. einen Partner als Gegenüber haben. Der Zwischenraum zum Gegenüber und zum Nachbarn sollte jeweils etwa einer Armlänge entsprechen.

Die Streitfrage, das Problem, der Konflikt wird im Partnerdialog ausgetragen, wobei die Positionen der jeweiligen Linie von der Spielleitung bestimmt wird (z. B. Linie „A" vertritt die Position, „Die DM sollte innerhalb einer europäischen Währungsunion zugunsten des ECU aufgegeben werden", Linie „B" die Position, „Die DM sollte auch in einer europäischen Währungsunion beibehalten werden.").

Besonders geeignet sind Themen, bei denen es sehr kontroverse Meinungen gibt. Die Spielzeit sollte kurz sein. D. h. nach ca. 2 Minuten empfiehlt es sich, einen Rollenwechsel vorzunehmen (jetzt wird also von jeder oder jedem die entgegengesetzte Position vertreten).

Der Vorteil dieser Übung etwa gegenüber Rollenspielen ist, daß die gesamte Klasse einbezogen ist, daß alle gleichzeitig reden, d. h. niemand außer der Partnerin oder dem Partner hört zu. Alle haben eine gemeinsame Erfahrung.

Diese Methode eignet sich besonders gut, um langwierige Diskussionen aufzubrechen.

Bei der Auswertung ist wichtig, festzuhalten:
▲ Welche Argumente sind gefallen?
▲ Wie wurde auf die jeweiligen Argumente reagiert?
▲ Gab es ein echtes Aufeinander-Eingehen, oder waren es zwei Monologe?
▲ Welche Position zu vertreten ist leichter gefallen?

Beispiel

Während einer Unterrichtsreihe über „Ausländer" erhält die erste Linie die Position **„Wenn erst die Ausländer weg sind, dann gibt es wieder mehr Arbeitsplätze, Wohnungen usw."**. Die zweite Linie vertritt die Position **„Ohne die Ausländer würde unser Sozialsystem zusammenbrechen. Wir brauchen sie dringend"**.
Jede bzw. jeder versucht nun seine Partnerin bzw. seinen Partner von der jeweils vertretenen Position zu überzeugen.

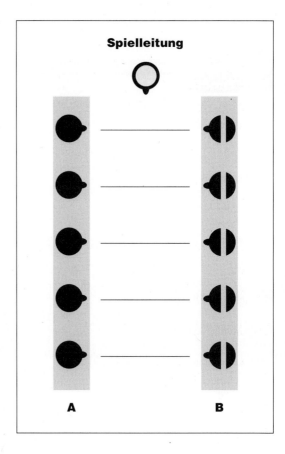

Variation

Die Auseinandersetzung in der Streitlinie kann nicht nur über vorgegebene Themen, sondern auch über Begriffe, und Worte gehen. Wenn z. B. zu einer Ja-Nein-Frage die eine Linie das „Ja" und die andere das „Nein", und nun die Partnerin bzw. der Partner von diesem „Ja" oder „Nein" zu überzeugen ist. Eine solche Übung eignet sich besonders zum Beginn einer Streitlinie.

25–30

Zeitbedarf:

Durchführung: 10 Minuten, Auswertung: 15–20 Minuten.

Positionenspiel (1)

Je eine Schülerin bzw. ein Schüler übernimmt in Rede und Gegenrede eine Pro- bzw. eine Kontra-Position.
Sie können ihre Argumente 10 Minuten (oder evtl. auch länger in einer Kleingruppe) vorbereiten oder auch spontan beginnen – dies erfordert mehr Mut und Sachkenntnis.

Spielablauf

▲ Die Pro-Rednerin oder der Pro-Redner
stellt sich in eine Ecke des Raumes, die Kontra-Rednerin oder der Kontra-Redner in die gegenüberliegende. Die restliche Klasse befindet sich in der Mitte des Raumes. Ist der Raum wegen der Bestuhlung zu eng, kann man auch auf den Flur ausweichen.

▲ Nun tragen beide Rednerinnen bzw. Redner
abwechselnd je ein Argument vor. Die Argumente müssen dabei nicht der eigenen tatsächlichen Überzeugung entsprechen.

▲ Die Zuhörerinnen und Zuhörer verändern
je nach Zustimmung oder Ablehnung dieses Argumentes ihren Standplatz. Sich auf die Rednerin oder den Redner hinbewegen bedeutet Zustimmung, sich von ihr oder ihm wegbewegen, Ablehnung. Reagiert wird also auf jedes einzelne Argument mit einer Veränderung des Standpunktes.

▲ Nach ca. 15–20 Minuten
(bzw. dem Austausch von ca. 10 bis 15 Argumenten) wird das Spiel abgebrochen.

▲ An der Stellung und Verteilung der Klasse
im Raum läßt sich die Überzeugungskraft der jeweiligen Argumente ablesen.

Wichtig ist, nur auf das zu reagieren, was wirklich gesagt wird, nicht auf das, was man gerne hören würde.

Vorwissen soll so weitgehend unberücksichtigt bleiben. Natürlich reagiert jede bzw. jeder auf die eigene Interpretation des Gesagten. Dies macht die Notwendigkeit der Differenzierung, Erläuterung und Diskussion deutlich, die im Anschluß an das Spiel stattfinden müssen.

Variationen

▲ Da Schulklassen in der Regel groß genug sind, können auch 2–3 Personen die Rolle der Pro- bzw. Kontra-Gruppe einnehmen. Sie wechseln sich dann jeweils mit dem Reden ab.

▲ Die jeweiligen Positionen können
in Kleingruppen vorbereitet werden. Jeweils eine Sprecherin oder ein Sprecher der Kleingruppe stellt die Position dar.

Diese Übung erfordert ein sehr diszipliniertes Vorgehen und Argumentieren. Sie ermöglicht jedoch, daß sofort die Wirkung einzelner Argumente auf die Schülerinnen und Schüler sichtbar und erlebbar wird. Erlebbar wird auch, daß oft die Art und Weise, wie ein Argument vorgetragen wird, über dessen Wirkung entscheidet.

Beispiele für Themenvorschläge

Pro:
Die Bundesrepublik sollte alle Asylbewerberinnen und -bewerber aufnehmen.
Kontra:
Die Bundesrepublik sollte den Großteil der Asylbewerberinnen und -bewerber bereits an der Grenze abschieben, da sie sowieso keine politisch Verfolgten sind.

Pro:
Die Wehrpflicht sollte abgeschafft und eine allgemeine Dienstpflicht eingeführt werden.
Kontra:
Die Wehrpflicht muß beibehalten werden.

Pro:
Es ist sinnvoll, mit rechtsradikalen Jugendlichen das Gespräch zu suchen.
Kontra:
Gespräche mit rechtsradikalen Jugendlichen werden die Ansichten dieser Jugendlichen nicht ändern und sind daher abzulehnen.

ca. 15

Zeitbedarf:

Ca. 15 Minuten ohne Auswertung.

Aktivierende Methoden

Positionenspiel (2)

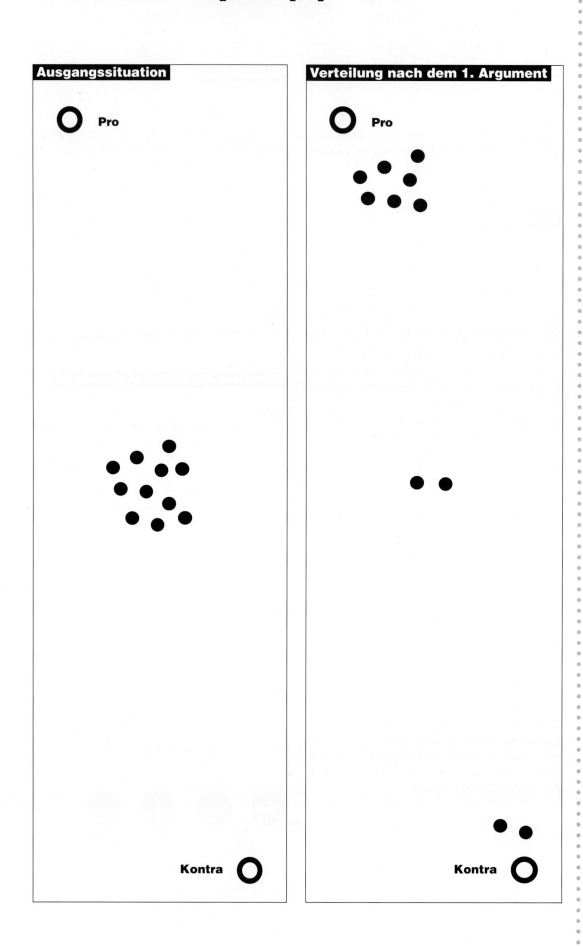

Positionenspiel
Erfahrungen

Anmerkung

Die vorgegebenen Positionen der Beispiele unterscheiden sich: In Erfahrung 1 schließen sie sich aus, in Erfahrung 2 können sie sich ergänzen.

Erfahrung 1

Bei einem Seminar mit Angehörigen der Arbeitsgemeinschaft katholischer Soldaten und von Pax Christi, bei dem es um den Austausch verschiedener Sichtweisen zur Sicherheitspolitik ging, wurde das Spiel eingesetzt, um die jeweiligen Standpunkte bildhaft zu verdeutlichen.

Die beiden vorgegebenen Extreme waren: „Die Bundeswehr sollte vollständig abgerüstet und aufgelöst werden, weil ..." (das Vertreten dieser Position wurde übrigens von einem Jugendoffizier übernommen) und: „Die Bundeswehr sollte sich international stärker engagieren und auch bei UN-Kampfeinsätzen teilnehmen".

Auffallend war, daß die beiden Vertreter der jeweiligen Positionen sich sehr weit (ca. 10 m) auf einem langen Flur auseinanderstellten und damit (ohne es bewußt beabsichtigt zu haben) auch die Kluft zwischen den beiden Gruppen sichtbar machten. Bereits nach der ersten Runde des Austausches der Argumente scharten sich die Teilnehmer, die Pax-Christi angehörten, relativ eng um die Position 1 und die der AG katholischer Soldaten um die Position 2. Während des gesamten Spiels wechselte kein Teilnehmer die „Fronten". Annäherungen kamen allenfalls bis knapp vor die (imaginäre) Mittellinie zustande.

So wurde sinnlich erfahrbar, was das Gespräch und die Diskussion bislang beherrschte: daß die festgefügten Meinungen sich auch durch noch so differenzierte Argumente nicht bewegen ließen.

Erfahrung 2

Im Rahmen eines Seminars mit Erzieherinnen zum Themenbereich „Gewalt in der Erziehungswelt" wurde das Spiel in der Anfangsphase eingesetzt, um die Schwierigkeit, einen eigenen Standpunkt zu finden, zu verdeutlichen. Als Positionen wurden vorgegeben: „Gewaltspielzeug ist sehr problematisch, weil ..." und „Gewaltspielzeug ist für die Entwicklung der Kinder wichtig, weil ..."

Es zeigte sich, daß über weite Strecken des Austauschs der Argumente große Teile der Gruppe sich von den jeweils vorgebrachten Argumenten ansprechen ließen und praktisch bei jedem Argument einen „Stand(punkt)wechsel" vollzogen.

Bei der Auswertung wurde den Teilnehmerinnen und Teilnehmern deutlich, daß es offensichtlich sehr viele (gute?) Argumente für beide Positionen gibt und es deshalb darum gehen muß, Kriterien für die Beurteilung zur Hand zu haben. Dies brachte eine hohe Motivation für die weitere Auseinandersetzung mit sich.

Aktivierende Methoden

Phantasiereise (1)

Eine Phantasiereise ist ein „projektives Verfahren", d. h. innere Bilder werden auf angebotene Vorstellungsinhalte übertragen. Die Gestalt dieser inneren Bilder wird von der eigenen Befindlichkeit, der lebensgeschichtlichen und aktuellen Erfahrung sowie den Bedürfnissen, Interessen und unbewußten Regungen bestimmt.

Das Verfahren kann für vielfältige Inhalte eingesetzt werden. So eignet sich z. B. eine Phantasiereise sehr gut, um die Bedeutung von Zukunftsvorstellungen herauszuarbeiten.

Phantasiereisen beruhen auf der Vorstellungskraft eines jeden Menschen und regen diese auch an. Die Reise beginnt mit Entspannung – man macht es sich bequem, schließt die Augen, wird insgesamt ruhiger, um dann Anleitungen zur Visualisierung folgen zu können. Man beginnt dabei in einem Zustand zwischen Träumen und Tagträumen: Bilder erscheinen wie auf einer inneren Leinwand, man kann Geräusche hören und intensive Gefühle empfinden.

Schülerinnen oder Schüler, die an einer solchen Phantasiereise teilnehmen, sind den Anleitungen gegenüber nicht ausgeliefert, im Gegenteil. Sie bekommen vom Leiter der Reise Impulse, die nach eigener Kontrolle aufgegriffen werden können oder auch nicht, die in der Phantasie weiterentwickelt werden können oder auch nicht. Und vor allem sind es die eigenen Bilder – wie in einem Traum – und nicht die Bilder, die einem vom Leiter der Phantasiereise aufoktroyiert werden können.

Die Phantasien hängen sehr eng mit der gegenwärtigen Befindlichkeit zusammen: mit dem, was einen besonders beschäftigt, was man sich wünscht, wovor man Angst hat. Sie beruhen natürlich auf den Erfahrungen, die ein Mensch gemacht hat.

Phantasiereisen können verschiedene inhaltliche Schwerpunkte haben. Eine Möglichkeit ist z. B. herauszufinden:

▲ Wie stellen sich
die Schülerinnen und Schüler die Zukunft vor? Ist das Bild von der zukünftigen Welt optimistisch oder pessimistisch? Auf welchem gefühlsmäßigen Hintergrund blicken sie in die Zukunft – mit freudiger Erwartung, Skepsis, Angst?

▲ Spielen z. B. Natur und Umwelt eine Rolle? Wie werden sie beschrieben: intakt, gestört, zerstört?
▲ Wie kommen Industrie und Technik vor, wie werden sie bewertet?
▲ Ist die Vision von Krieg und Atomkrieg in den Zukunftsvorstellungen enthalten?

Eine andere Möglichkeit besteht darin sich in verschiedene Situationen einzufühlen:

▲ Wie geht es mir, wenn ich mich in der Phantasie mit einem Flüchtling identifiziere?
▲ Welche Eindrücke und Erinnerungen werden in mir aktiviert, wenn mir das Bild einer fernen faszinierenden Stadt angeboten wird.

Visualisierung

Um diesen Fragen besser nachgehen zu können, empfiehlt es sich, z. B. unmittelbar nach der Phantasiereise die Teilnehmerinnen und Teilnehmer ein Bild malen oder ihre Eindrücke aufschreiben zu lassen.
Die Bilder können z. B. mit Overhead-Stiften auf Glasdiarahmen gemalt werden. Die anschließende Projektion der Bilder dient dann als Ausgangspunkt für die Erzählungen, bei denen erläutert wird, was während der Reise gesehen und erlebt wurde.

Vgl. Ulrike Unterbrunner: Umweltangst – Umwelterziehung. Vorschläge zur Bewältigung der Ängste Jugendlicher vor Umweltzerstörung. Linz 1991.

„Was in der Gegenwart wirklich Bedeutung hat, wird mit großer Wahrscheinlichkeit in Überlegungen zur Zukunft mit einfließen und in Wünschen und Ängsten hinsichtlich kommender Entwicklungen seinen Ausdruck finden. Zukunftsvorstellungen sind demnach eine Art von Ausdruck des Gegenwärtigen."

U. Unterbrunner, a. a. O., S. 9.

Phantasiereise (2)

Anleitung einer Phantasiereise

▲ Sprechen Sie den Text langsam und deutlich. Die Punkte im Text (...) kennzeichnen Pausen.

▲ Verwenden Sie während der Phantasiereise keine untermalende Musik.

▲ Lassen Sie bei der Einstimmungsphase genügend Zeit. Die Schülerinnen und Schüler brauchen verschieden lange, um sich zu entspannen.

▲ Phanstasiereisen werden meist im Liegen gemacht. Da dies in der Schule in der Regel nicht möglich ist, sollten sich die Schülerinnen und Schüler bequem hinsetzen und den Kopf auf die verschränkten Arme auf den Tisch legen.

▲ Wenn in der Anfangsphase, beim Entspannen, Lachen oder Gelächter entsteht, sollte das einfach zugelassen werden. Danach kehrt Stille und Entspannung ein.

▲ Sie sollten als Lehrerin oder Lehrer entspannt und nicht nervös sein.

▲ Für die Reise und das Malen sollten ca. 1,5 Stunden eingeplant werden.

▲ Phantasiereisen können geübt werden. Wenden Sie immer wieder „kleine" Phantasiereisen in Ihrem Unterricht an, so daß die Schülerinnen und Schüler den Umgang damit lernen.

90

Wichtig:

Machen Sie erst selbst eine Phantasiereise unter Anleitung, bevor Sie selbst in einer Klasse anleiten.

Die Reise in die Zukunft

„Lege (setze) dich bequem hin!
Schließe deine Augen!
Atme ein paar Male kräftig aus, dann laß deinen Atem ruhiger werden! ...

Du stehst jetzt in deiner Phantasie auf, gehst hinaus aus dem Raum und hinaus aus dem Gebäude. Du findest einen Weg, den du einfach entlang gehst. Plötzlich entdeckst du in der Ferne ein Tor. Du gehst auf dieses Tor zu ...

Nun stehst du vor dem Tor. Schau es dir an: Woraus besteht es? Welche Farbe hat es? Wie kannst du es öffnen? ...

Und während du so dastehst und schaust, weißt du plötzlich, daß hinter diesem Tor die Zeit eine andere ist. 20 Jahre sind dort schon vergangen. 20 Jahre ist die Zeit hinter dem Tor schon voraus ...

Öffne nun das Tor und geh hinein in diese Welt ... Schau dich da nun einfach um. Vielleicht bist du in der Stadt oder auf dem Land. Vielleicht begegnest du Menschen oder vielleicht auch nicht. Vielleicht kannst du auch etwas hören oder riechen ...

(2 Minuten Stille) ...

Denke nun allmählich wieder ans Zurückkehren, aber laß dir Zeit ... Geh zum Tor zurück, schau dich noch einmal um. Dann geh durch das Tor durch und schließe es fest hinter dir zu. Wenn die Welt angenehm war, die du gesehen hast, kannst du jederzeit wieder zurück. Wenn dir diese Welt unangenehm war, bleibt das Tor ganz fest verschlossen ... Und dann gehe den Weg, den du gekommen bist, wieder in dieses Gebäude zurück, in diesen Raum zurück und wenn du wieder hier bist, mache die Augen auf und strecke dich."

Nach: Ulrike Unterbruner: Umweltangst – Umwelterziehung. Vorschläge zur Bewältigung der Ängste Jugendlicher vor Umweltzerstörung. Linz 1991.

Literaturhinweise

Müller, Doris: Phantasiereisen im Unterricht. Braunschweig 1994.

Treml, Helga und **Hubert**: Komm mit zum Regenbogen. Phantasiereisen für Kinder und Jugendliche. Linz 1991.

Oaklander, V.: Gestalttherapie mit Kindern und Jugendlichen. Stuttgart 1991.

Phantasiereise
Erfahrung

Ich habe eine gute Erfahrung gemacht mit einer Identifikationsübung.

Die Identifikationsübung sollte die Schülerinnen und Schüler für die Auseinandersetzung mit dem Thema Asyl vorbereiten. Ich habe die Klasse eingeladen, sich mit einem „bestimmten Verfahren" auf eine gedankliche Reise zu Asylbewerbern zu begeben. Bewußt habe ich Anteile aus einer „Phantasiereise" und aus „Identifikationsübungen" miteinander verbunden.

Mit einer Entspannungsübung habe ich begonnen: bequeme Sitzhaltung suchen, Augen schließen, Atem aufsuchen, Körper verspannen und dann entspannen.

Dabei habe ich folgende Impulse gegeben:

- ▲ So gefällt es mir, ich habe Ruhe in mir ...
- ▲ Ich gehe aus dem Klassenraum auf den Schulhof und weiter in die von der Sonne überfluteten Felder ...
- ▲ Am Ortsrand treffe ich auf ein Wohnheim/Containerdorf für Asylbewerber ...
- ▲ Von niemandem beobachtet gehe ich hinein ...
- ▲ Ich sehe mich um und sehe ...
- ▲ Da sind eine Menge Kinder ...
- ▲ Ich sehe in die Gesicher der Erwachsenen ...
- ▲ Die Menschen sind gekleidet mit ...
- ▲ Ich spüre: etwas Seltsames ist mit mir vorgegangen:
- ▲ Ich bin ein Asylbewerber ...
- ▲ Ich sehe mein Gesicht ...
- ▲ Ich bin gekleidet ...
- ▲ Gehören noch Verwandte zu mir? ...
- ▲ Viele Gedanken gehen mir durch den Kopf ...
- ▲ In mir kommen Gefühle hoch, ich spüre ...
- ▲ Wenn ich könnte, würde ich jetzt ...
- ▲ Ich finde einen ruhigen Platz, an dem ich mich niedersetze und mich ganz meinen Gedanken und Gefühlen überlasse ...
- ▲ Eine Tür tut sich auf, und ich kann unbemerkt nach draußen gelangen.
- ▲ Ganz in Gedanken gehe ich durch die Felder und spüre die Verwandlung kaum: ich bin wieder ich ...
- ▲ Ich komme zurück in diesen Raum und öffne, wenn mir danach ist, die Augen ...

Diese Minireise mit Identifikation, die mit 19 Schülerinnen und Schülern an einer Fachoberschule durchgeführt wurde, dauerte etwa 8–10 Minuten. Das Ergebnis hat mich stark überrascht: Breit angelegte Erzählungen über Orte unterschiedlichster Art, sauber und dreckig, Gefühle von Angst, Einsamkeit, Verfolgung, Ausgeliefertsein, Unentschlossenheit, Abwarten; Gedanken in Angst um die Zukunft, an Verfolgung und Flucht, an wirtschaftliche Not, an Versorgung und Ruhe; und, wenn man könnte, so schnell wie möglich hier weg, wenn es ginge, wieder nach Hause, vielleicht auch in diesem Land bleiben, wenn Freundlichkeit und Gastfreundschaft gegeben wären.

Es gab auch kritische Stimmen: Ich habe mich nicht verwandeln können, ich blieb immer ich, ich habe das Lager gesehen, aber immer als Außenstehender, ich habe so etwas schon öfter versucht, aber ich kann das einfach nicht ...

Josef M. Thees

Entscheidungsspiel mit Punkten

Jede Schülerin und jeder Schüler erhält (je nach der Anzahl der Aussagen) vier bis sechs Klebepunkte. Das „Aussagenblatt" ist auf DIN-A2 vergrößert worden und hängt an der Wand. Jede bzw. jeder hat nun die Möglichkeit, ihre bzw. seine Punkte zu vergeben, indem sie bzw. er diese direkt vor die Aussage klebt, die sie bzw. er für zutreffend hält.

Auf diese Weise wird das Meinungsspektrum der Schülerinnen und Schüler deutlich, jede und jeder ist sofort mit einbezogen und aktiv geworden. Zudem ist eine gewisse Neugier auf die Entscheidung der anderen geweckt.

Die Klasse kann nach bestimmten Gesichtspunkten in Teilgruppen aufgeteilt werden, die dann verschiedenfarbige Klebepunkte erhalten (z. B. Frauen rote, Männer blaue). Durch die unterschiedlichen Farben der Punkte werden dann auch Trends in den Untergruppen sichtbar.

Variationen

▲ Für unterschiedliche Teilfragen können verschiedenfarbige Klebepunkte verwendet werden (siehe Beispiel 1).
▲ Die Frageform kann variiert werden, z. B. Wie würde Ihre Freundin / Ihr Freund entscheiden?

Materialien

▲ Vergrößerung des Arbeitsblattes auf mindestens DIN-A2.
▲ Für jede Schülerinnen und jeden Schüler mindestens vier Klebepunkte in einer Farbe.

10–15

Vorgehensweise

▲ Das Arbeitsblatt wird an die Wand gehängt.
▲ Zur Erklärung kann bei großen Klassen eine Folie des Arbeitsblattes über einen Tageslichtprojektor an die Wand projeziert werden.
▲ Jede Schülerin und jeder Schüler erhält (je nach genauer Aufgabenstellung) die entsprechenden Klebepunkte.
▲ Die Schülerinnen und Schüler vergeben Ihre Klebepunkte.
▲ Auswertung, evtl. Ergänzung der Auswahl mit Ergebnissen von Umfragen o. ä. (siehe Beispiel 2).

Konsumgewohnheiten sichtbar machen

Mit Klebepunkten können auch Konsumgewohnheiten sichtbar gemacht werden. Jede Schülerin und jeder Schüler vergibt jeweils einen Klebepunkt für den täglichen Konsum von (bei Zigaretten zählt ein Punkt für 10 Zigaretten):

▲ Zigaretten
▲ Tassen Kaffee
▲ Tassen Tee
▲ Glas Wein
▲ Glas Bier
▲ Flasche/Dose Cola
▲ Tafel Schokolade
▲ Kugel Eis
▲ Tabletten
▲ je 30 Min. Fernsehen/Video/ Computerspiel

Aktivierende Methoden

Entscheidungsspiel mit Punkten
Beispiel 1

Merkmale für Weltmächte

Welche dieser Merkmale treffen auf Russland (rote Punkte), welche auf die USA (blaue Punkte) zu?

Überlegene militärische Stärke
Politische Führungsposition
Atomwaffenbesitz
Überlegene Wirtschaftskraft
Beherrschung des Welthandels
Geographische Größe
Strategisch günstige Lage
Große Bevölkerungszahl
Technologische Spitzenleistungen
Weltwirtschaftliche Führungsrolle
Hohes Pro-Kopf-Einkommen
Innere Stabilität
Militärisch starke Verbündete
Wirtschaftlich starke Verbündete
Vorrangige Beachtung der Menschenrechte
Globales militärisches Stützpunktesystem
Einfluß auf weltweite Kommunikationsmedien

Zur Auswertung kann folgendes Schaubild verwendet werden.

Kriterien für den Weltmachtstatus

Militärische Stärke	Wirtschafts-kraft	Politische Leitfunktion	Innere Stabilität

Allgemeiner Trend bei Weltmächten

Nutzwert von Militär nimmt ab	Rolle der Wirtschaftskraft nimmt zu	Rolle der politischen Unterstützung durch Verbündete nimmt zu	Legitimation durch demokratische Entscheidungen wird wichtiger

Aktivierende Methoden

Entscheidungsspiel mit Punkten
Beispiel 2

Ansprüche an meinen Beruf

Gute Verdienstmöglichkeiten	59 %
Gutes Betriebsklima	51 %
Anregende, abwechslungsreiche Tätigkeit	49 %
Sicherheit des Arbeitsplatzes	43 %
Gutes Verhältnis zu Kollegen	41 %
Gesunder Arbeitsplatz	33 %
Gute Teamarbeit	32 %
Gutes Verhältnis zu Vorgesetzten	30 %
Verantwortungsvolle Tätigkeit	29 %
Gute Aufstiegsmöglichkeiten	28 %
Geregelte Arbeitszeit	27 %
Möglichkeit der Mitbestimmung	21 %
Wenig Streß bei der Arbeit	13 %
Gesellschaftlich nützliche Arbeit	12 %
Viel Freizeit	12 %
Hohe gesellschaftliche Anerkennung	2 %
Daß wenig Anforderungen gestellt werden	0 %

Die Zahlen sind Prozentwerte und entstammen einer SINUS-Studie von 1983, bei der nach Ansprüchen der 15- bis 30jährigen an den ausgeübten oder angestrebten Beruf gefragt wurde.

Glauben Sie, daß diese Werte auch heute noch zutreffen?

Achtung:

Die Prozentwerte sollten für das Spiel abgedeckt und erst bei der Auswertung diskutiert werden.

Aktivierende Methoden

Entscheidungsspiel mit Punkten
Kopiervorlage

Thema:

Hier die Punkte kleben

Das Ampelspiel

Das „Ampelspiel" hat in einer Unterrichtsreihe die Funktion, in einer Einführungsphase direkt und konfrontativ das Meinungsspektrum der Schülerinnen und Schüler für alle sichtbar zu machen.

Die Aussagen sind dabei oft vereinfachend zugespitzt, bieten jedoch – weil sie so provozierend sind – eine gute Diskussionsgrundlage.

Die Aussagen und Fragen müssen natürlich je nach Aktualität, Teilnehmerkreis und Thema des Seminars formuliert werden. Es ist auch möglich, z. B. Zitate von Politikern, Aussagen aus Zeitungskommentaren usw. zur Abstimmung zu stellen.

Spielablauf

▲ Jede Schülerin und jeder Schüler
  erhält je ein Pappkärtchen (DIN-A6) in den Farben **rot**, **grün** und **gelb**.
▲ Die Lehrerin bzw. der Lehrer liest die Fragen
  einzeln, langsam und deutlich vor.
▲ Die Schülerinnen und Schüler
  müssen sich nach jeder Frage entscheiden. Sie zeigen ihre Entscheidung durch Aufzeigen der Karte an:
  – Bei Zustimmung – **grüne** Karte,
  – bei Ablehnung/Verneinung – **rote** Karte,
  – bei Enthaltung/weiß nicht – **gelbe** Karte.
▲ Eine Kommentierung der jeweiligen
  Abstimmungsrunde ist nicht empfehlenswert.
▲ Das jeweilige Stimmungsbild sollte
  jedoch kurz benannt werden. Z. B. überwiegend **rot**, etwas **grün**.
▲ Im Anschluß sollten die Themen, bei
  denen kontroverse Meinungen sichtbar wurden, nochmals benannt werden.
▲ Es kann auch nachgefragt werden,
  bei welcher Aussage die Entscheidung am schwersten (oder am leichtesten) fiel.

Was die Methode leisten kann

Durch das Ampelspiel können alle Schülerinnen und Schüler schon zu Beginn einer Veranstaltung aktiv werden, ohne sich mit der Thematik näher beschäftigt zu haben.

Das Spiel ist unabhängig von der Teilnehmerzahl und kann auch mit einer größeren Klasse durchgeführt werden.

Die Schülerinnen und Schüler bekommen (wenn die Fragen gut formuliert sind) einen Einblick in die Komplexität und Vielfalt der Thematik.

Die Lehrerin oder der Lehrer kann sich ein Stimmungsbild von der Klasse machen, bei dem auch die Schweigenden einbezogen sind.

Es empfiehlt sich, nicht mehr als ca. 10 Aussagen zur Abstimmung zu stellen.

10–20

Aktivierende Methoden

Das Ampelspiel
Beispiele

Beispiel 1

Aus einer Unterrichtsreihe über Zukunftsfragen

Das Jahr 2010:

▲ Werden Sie noch am Leben sein?
▲ Wird es noch Atomwaffen geben?
▲ Wird es noch Entwicklungsländer geben?
▲ Werden Atomkraftwerke noch in Betrieb sein?
▲ Wird die USA noch eine Weltmacht sein?
▲ Wird es noch einen Regenwald geben?
▲ Wird der Hunger in der Welt abgeschafft sein?
▲ Wird die Bundesrepublik eine Großmacht sein?

Beispiel 2

Aus einem Seminar über Wehrdienst und Zivildienst

▲ Der Friede ist heute sicherer geworden.
▲ Prinzipiell sollte Wahlfreiheit zwischen Wehrdienst und Zivildienst bestehen.
▲ Zivildienstleistende sind Drückeberger.
▲ Der Verweigerung kommt im Vergleich zum Wehrdienst kein moralisch höherer Stellenwert zu.
▲ Viele Soldaten sind aus Bequemlichkeit bei der Bundeswehr.
▲ Unsere Streitkräfte schützen die Grundrechte und die freiheitliche Lebensgestaltung auch für diejenigen Mitbürger, die sich der militärischen Landesverteidigung versagen.
▲ Ein Vergleich zwischen einem wehrdienstleistenden Soldaten und einem Zivildienstleistenden ergibt: Wer bei der Bundeswehr dient, zahlt drauf.
▲ Die lawinenartig wachsende Zahl der Kriegsdienstverweigerer bedeutet für die Verteidigungsfähigkeit Deutschlands eine ernsthafte Gefahr.
▲ Das Ende des Ost-West-Konfliktes und die Auflösung des Warschauer Paktes machen die Bundeswehr überflüssig.
▲ Zivildienstleistende werden in der Öffentlichkeit positiver bewertet als Wehrdienstleistende.

Beispiel 3

Für ein Seminar über sexuelle Belästigungen von Frauen, an dem nur Frauen teilnehmen

▲ Ich weiß oft selbst nicht, wie ich mich bei einer sexuellen Annäherung verhalten soll.
▲ Ich kann ganz deutlich werden, wenn mir jemand zu nahe kommt.
▲ Ich fühle mich meinem Partner gegenüber in der Klemme, wenn er mich bedrängt.
▲ Typen, die mich anmachen, sind für mich erledigt.
▲ Sexuelle Belästigung ist auf jeden Fall eine Verletzung der Menschenwürde der Frau.
▲ Ich fühle mich verletzt, wenn Männer in meiner Gegenwart blöde Witze über Frauen und Mädchen machen.
▲ Viele Frauen verhalten sich so, daß ein Mann sie bedrängen muß.
▲ Viele Männer machen eine Frau nur deshalb an, um sich und anderen Männern ihre Männlichkeit zu beweisen.
▲ Angemacht zu werden, ist für Frauen ein Kompliment.

Die Aussagen des 3. Beispiels sind entnommen aus: Jugendwerk der Deutschen Shell (Hrsg.): Jugend '92, Bd. 2, S. 345 f.

Die amerikanische Debatte

Die amerikanische Debatte dient zur selbständigen Erarbeitung der Argumente bei kontroversen Themen.

Damit ist eine schülerinnen- und schülerorientierte, aktive Informationsbeschaffung sowie ein kontrollierter Austausch von Argumenten möglich.

Vorbereitungsphase

In der Vorbereitungsphase werden zwei Gruppen eingeteilt. Die eine Gruppe sucht Pro-Argumente, die andere Kontra-Argumente. Für diese Phase empfiehlt es sich, Hintergrundmaterialien in die Gruppenarbeit einzugeben (Zeitungsartikel, kurze Texte etc.). Die Gruppen sollen sich mit der jeweiligen Argumentation vertraut machen.

Die eigentliche Debatte

Diese strukturierte Diskussion läuft nach folgenden Regeln ab:

▲ Jede Seite bestimmt mehrere
  Diskutantinnen und Diskutanten, die sich an einem Tisch gegenüber sitzen.
▲ Die Diskussionsleiterin
  bzw. der Diskussionsleiter eröffnet die Debatte, indem sie bzw. er einer Seite das Wort erteilt.
▲ Beginnt z. B. die Pro-Seite, kommt
  nach einer vorgegebenen Zeit (z. B. 1 Minute) die Kontra-Seite (wieder für eine Minute) an die Reihe, dann wieder die Pro-Seite usw.
▲ Die Diskussionszeit
  der einzelnen Teilnehmerinnen und Teilnehmer ist streng einzuhalten.
  D. h. die Diskussionsleiterin oder der Diskussionsleiter unterbricht jeden Beitrag nach der vereinbarten Zeit. Die Zeit sollte zwischen 30 Sekunden und 1 Minute liegen.
▲ Am Ende der ersten Runde
  angekommen, geht das Ganze rückwärts zum Ausgangspunkt.
▲ Am Ende einer Debatte kann eine
  allgemeine Plenumsrunde oder eine Abstimmung stattfinden.

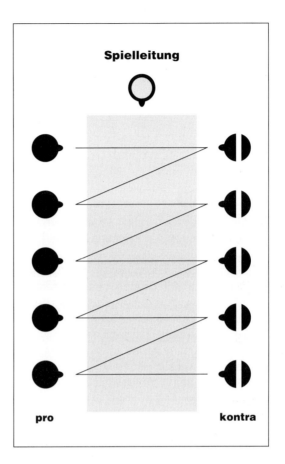

60–80

Zeitbedarf:

**Ca. 30–40 Minuten zur Vorbereitung,
ca. 15–20 Minuten zur eigentlichen Debatte,
ca. 15–20 Minuten zur Auswertung.**

Aktivierende Methoden

Prioritätenspiel

Das Prioritätenspiel macht Einstellungen zu einem Thema deutlich und zwingt dazu, diese zu begründen und mit anderen auszutauschen.

Durch die Vorgabe, zu einer Gruppenentscheidung zu gelangen, findet ein Abwägen verschiedener Argumente statt und es besteht die Notwendigkeit, sich zu einigen.

Spielverlauf

▲ Die Schülerinnen und Schüler werden in Kleingruppen zu 4–6 Personen aufgeteilt.
▲ Jede Kleingruppe erhält ca. 10 Aussagen (Begriffe, Statements usw.). Die Aussagen können von der Gruppe besser bearbeitet werden, wenn jede Aussage auf einem gesonderten Blatt Papier (DIN-A5) steht.
▲ Die Aufgabe besteht nun darin, vier Aussagen ersatzlos zu streichen und die restlichen sechs in eine Rangfolge von 1–6 zu bringen, wobei 1 die wichtigste Aussage bedeutet.
▲ Die Gruppe erhält hierfür 20 Minuten Zeit.
▲ Die Ergebnisse der Gruppen werden im Plenum vorgestellt und begründet.

Variation

Das Spiel wird in drei Abschnitten gespielt:

1. Abschnitt:
▲ Jede bzw. jeder erstellt für sich eine persönliche Rangfolge.
▲ Diese Rangfolge wird der Gruppenleitung abgeliefert. Diese errechnet nun für jede Aussage den Mittelwert, d. h. die Rangfolge aller Schülerinnen und Schüler.

2. Abschnitt:
▲ Die Schülerinnen und Schüler werden in Gruppen aufgeteilt.
▲ In den Gruppen wird eine gemeinsame Rangfolge festgelegt. Diese wird auf einem Blatt festgehalten.

3. Abschnitt:
▲ In der Klasse erhalten alle ihren jeweiligen Bogen mit der individuellen Rangfolge zurück.
▲ Jede bzw. jeder vergleicht nun diese Rangfolge mit der Gruppenrangfolge.
▲ Wo gibt es Übereinstimmung, wo Unterschiede? Wie kommen diese zustande?

Mögliche Fragen zur Auswertung

▲ War es möglich, eine Rangliste anzufertigen oder haben verschiedene Punkte die gleiche Priorität?
▲ Welche Punkte haben Ihnen auf der vorgegebenen Liste gefehlt?
▲ Bei welchen Punkten waren Sie sich bei der Einstufung sicher, bei welchen unsicher?
▲ Wie kamen die Gruppenentscheidungen zustande? Wurden alle Punkte ausdiskutiert oder gab es Mehrheitsentscheidungen?
▲ Kann die Gruppenentscheidung so mitgetragen werden?
▲ Kann die erarbeitete Prioritätenliste allgemeine Gültigkeit für sich beanspruchen?

Materialien

▲ Ein Arbeitsblatt für jede Schülerin und jeden Schüler.
▲ Stifte.

20

Beispiele für Themenformulierungen

Welchen Kriterien sollte die Umweltpolitik genügen?

Was macht eine gute Partnerschaft aus?

Welches sind die Kennzeichen für Lebensqualität?

Prioritätenspiel
Beispiel Sicherheitspolitik

Welchen Kriterien sollte die Sicherheitspolitik der Bundesrepublik genügen?

- Das Überleben als Nation und Staat sichern
- Die Unversehrtheit der Grenzen garantieren
- Ein friedliches Zusammenleben mit anderen Völkern ermöglichen
- Armut bekämpfen
- Abrüstung fördern
- Ökologische Zerstörung aufhalten
- Militärische Verteidigung ohne Atomwaffen
- Verteidigung ohne Waffen
- Stärkung internationaler Organisationen (UNO, OSZE) zur Konfliktschlichtung und -beilegung
- Vorsorge für jede eventuelle militärische Bedrohung treffen
- Sozialen Ausgleich und Gerechtigkeit fördern
- Joker

Aufgabe:
1. Streichen Sie sechs der Kriterien ersatzlos.
2. Bringen Sie die verbleibenden Kriterien in eine Rangfolge und schreiben Sie das Ergebnis auf eine Wandzeitung.

Aktivierende Methoden

Prioritätenspiel
Beispiel Partnerschaft

Wichtig für eine Partnerin bzw. einen Partner ist ...

_____	Sexuelle Treue
_____	Gefühle zeigen
_____	Zärtlichkeit
_____	Kinderliebe
_____	Selbstsicherheit
_____	Kreativität
_____	Selbstlosigkeit
_____	Romantisch sein
_____	Attraktives Aussehen
_____	Überlegenheit
_____	Durchsetzungsvermögen
_____	Selbstbeherrschung

Die Bedeutung von Eigenschaften und Fähigkeiten nach Selbstaussagen von Jugendlichen

	wichtig für Mann und Frau	besonders wichtig für die Frau	besonders wichtig für den Mann	generell unwichtig
Aktivität	91	0	5	1
Sexuelle Treue	90	3	1	5
Gefühle zeigen	90	5	2	2
Selbstbeherrschung	90	1	6	3
Zärtlichkeit	88	9	1	0
Kinderliebe	88	9	0	1
Selbstsicherheit	86	2	10	2
Kreativität	82	5	4	8
Selbstlosigkeit	68	3	3	24
Durchsetzungsvermögen	68	2	21	7
Romantisch sein	67	19	1	12
Beruflicher Erfolg	61	1	29	7
Attraktives Aussehen	37	33	1	27
Beschützer sein	27	1	55	17
Härte	25	1	27	45
Überlegenheit	24	1	19	54

Diese Angaben basieren auf einer SINUS-Studie von 1983. Wie, glauben Sie, haben sich die Werte heute verändert?

Prioritätenspiel
Kopiervorlage

Prioritätenspiel zum Thema

Name | **Gruppe**

Persönliche Rangfolge | **Gruppen-Rangfolge**

✂ Nach dem Ausfüllen bitte hier abtrennen

Aktivierende Methoden

Umfragen

Umfragen dienen dazu, Informationen zu beschaffen oder ein Meinungsspektrum zu einem Problembereich abzufragen.

Umfragen können mündlich (evtl. mit Tonband oder Video unterstützt), fernmündlich oder auch schriftlich durchgeführt werden. Immer ist es jedoch wichtig, genau zu wissen, was gefragt werden soll. Deshalb muß bei der Vorbereitung als erstes der Problemkreis genau definiert werden. Danach muß festgelegt werden, welche Informationen erfragt werden und für welchen Zweck die Antworten verwendet werden sollen.
Auf diesem Hintergrund können dann die Fragen formuliert werden.

Es ist wichtig, die Fragen, die gestellt werden sollen, vorher (möglichst schriftlich) genau festzulegen.

Die Umfrageergebnisse bedürfen der Dokumentation und sie bedürfen der Auswertung und Interpretation.

Mögliche Struktur von Fragen

1. **Türoffnerfragen**
   Vorstellung und Auskunft über Anlaß des Besuches (des Anrufes etc.).
2. **Mundöffnerfragen**
   Allgemeine Fragen, die zum Sprechen provozieren.
3. **Problemfragen**
   Spezifische Fragen zum Problemkreis.
4. **Ideenfragen**
   „... wenn Sie etwas zu bestimmen hätten, was würden Sie tun?"
5. **Aktionsfragen**
   Fragen nach der Bereitschaft zur Beteiligung an möglichen Aktionen.

Vgl. Alf Seippel: Handbuch aktivierende Gemeinwesenarbeit. Gelnhausen u. a. 1976., S. 221.

Einige Arten von Umfragen

Mini-Umfrage

Zu einer Aussage oder einem Problembereich werden z. B. bei Passanten auf der Straße Meinungen und Stellungnahmen eingeholt. Die Meinungsäußerungen werden nicht kommentiert und es wird auch nicht weiter nachgefragt. Eine solche Miniumfrage kann ohne größere Vorbereitung von allen Schülerinnen und Schülern durchgeführt werden. Die Frage wird nach dem Motto „Was halten Sie von ..." formuliert, oder es wird eine Aussage vorgegeben und hierzu um eine Stellungnahme gebeten.
Die Aussagen sollten sofort protokolliert oder auf Tonband bzw. Video mitgeschnitten werden.

Interviews

Interviews sind gezielte Gespräche mit ausgewählten Personen. Wichtig ist hier, sich über die Fragestruktur klar zu sein: Gibt es vorgegebene Antworten, aus denen ausgewählt werden kann (Multiple Choice), gibt es nur „Ja – Nein"-Antworten oder gibt es sog. offene Fragen, auf die die Interviewpartnerin oder der Interviewpartner mit eigenen Worten antworten kann.
Interviewpartnerinnen oder Interviewpartner, die für ein längeres Gespräch zur Verfügung stehen sollen, müssen sorgfältig ausgewählt werden. Eine genaue Terminvereinbarung ist unerläßlich.

Datenerhebung

Hier geht es i. d. R. darum, Meinungen, Einstellungen usw. statistisch zu erfassen. Es kann aber auch darum gehen, z. B. Daten über die Sozialstruktur eines Wohngebietes (z. B. einer Neubausiedlung) zu erheben. Ein detaillierter Fragebogen ist hier sehr hilfreich.

Um den Fragebogen richtig auswerten zu können, sollten u. a. enthalten sein:

▲ Fragen nach der Gruppenzugehörigkeit (Alter, Wohnort, Tätigkeit usw.);
▲ Fragen nach Sachverhalten;
▲ Fragen nach Meinungen, Bewertungen, Wünschen usw.

Aktivierende Befragung

Hier werden direkt von einem Mißstand oder Problem Betroffene nach ihrer Sichtweise befragt. Ziel dabei ist nicht so sehr die Datenerhebung, sondern durch Fragen nach Problemen, Ideen und Möglichkeiten von Veränderungen, die Bereitschaft zur Beteiligung an einem Veränderungsprozeß zu fördern und mögliche Initiativen hierfür einzuleiten.

Umfragen
Arbeitsmaterial 1

Verschiedene Arten von Fragen

Geschlossene Fragen

Geschlossene Fragen lassen keine eigenen Formulierungen bei den Antworten zu. Antworten können nur innerhalb von vorgegebenen Alternativen gegeben werden.

▲ Alternativfragen:
z. B.: „Stimmen Sie folgender Aussage zu?"
O Ja   O Nein

▲ Multiple-Choice-Fragen:
Aus einer Reihe von Antwortmöglichkeiten können alle richtigen angekreuzt werden. Beispiel: „Welche der aufgeführten Handlungen sind für Sie aggressiv?".

▲ Mehrfachwahlfragen:
Aus einer Reihe von Antwortmöglichkeiten soll die eine richtige herausgesucht werden.

▲ Skalierungen:
Aus einem Spektrum das von „völliger Übereinstimmung" bis zur „völligen Ablehnung" reicht, kann die eigene Einstellung zu vorgegebenen Aussagen ausgewählt werden.

Offene Fragen

Offene Fragen schränken die Antwortmöglichkeiten nicht ein, sondern lassen Raum, um Dinge in eigenen Worten auszudrücken.

Umfrage Jahresrückblick

▲ Das Jahr ... geht zu Ende. Was waren für Sie in diesem Jahr besonders **bedeutsame Ereignisse**?

▲ Würden Sie mir sagen, **warum** die Ereignisse für Sie so bedeutsam waren?

▲ **Welches** von den Ereignissen war das wichtigste?

▲ **Beherrschendes Thema** im letzten Jahr war ... Was meinen Sie dazu? War das auch vor einem Jahr Ihre Meinung?

▲ Wenn Sie **drei Wünsche** frei hätten für das nächste Jahr, was würden Sie sich wünschen?

Vgl. F. J. Becker: Politisches Lernen durch Realbegegnung. In: Bundeszentrale für politische Bildung (Hrsg.): Methoden in der politischen Bildung – Handlungsorientierung. Bonn 1991, S. 204.

Antworten

Mini-Umfrage zum Thema
„Warum reizen Filme, die Gewaltszenen zum Inhalt haben?"

D. S., **Schüler**:
„Also ich glaub' der Mensch ist von Natur aus irgendwie immer auf Gewalt aus. Das ist so ein Trieb, glaube ich, ein natürlicher Trieb, daß der Mensch immer Gewalt haben möchte."

A. P., **Hausfrau**:
„Es fällt mir schwer, mir da einen Reiz drunter vorzustellen, weil mich das überhaupt nicht reizt. Ich kann mir nur denken, daß die Leute halt versuchen, Aggressionen so auszuleben."

M. G., **Student**:
„Weil es was Neues ist wahrscheinlich, weil die Szenen verschieden kombiniert werden und weil es halt etwas ist, was man nicht jeden Tag sieht."

D. B., **Kraftfahrer**:
„Mich hat das nie gejuckt. Ich seh' so viel Gewalt auf der Straße, da ist die Gewalt alltäglich. Ich schau' mir lieber Krimis an."

U. J., **Landwirt**:
„Bei Actionfilmen oder Abenteuerfilmen, da ist halt irgendwas spannend, egal ob's einen Sinn hat oder nicht. Die Leute wollen wohl ein bißchen Gewalt."

wub – was uns betrifft, 2/88, S. 12, Auszüge.

Aktivierende Methoden

Umfragen
Arbeitsmaterial 2

Fragebogen zur Altstadtsanierung

Der Fragebogen ist ein Leitfaden für ein Gespräch mit Betroffenen

Türöffner-Fragen

1. Wie Sie vielleicht gehört haben, plant die Stadt eine Neugestaltung dieses Stadtteils, in dem Sie wohnen. Das bedeutet, daß Ihr Haus eventuell abgerissen wird oder eine neue Straße vorbeiführen kann. Die Planung sollte man nicht nur den Fachleuten überlassen. Wir möchten gemeinsam mit den Leuten, die hier wohnen, herausfinden, was man tun kann, um die Sache so vernünftig wie möglich zu gestalten. Würden Sie uns bitte dabei helfen und uns einige Fragen beantworten?
2. Wir selber sind eine Gruppe von Leuten, die möchte, daß die menschliche und soziale Seite der Stadtplanung nicht vergessen wird.

Problemfragen

1. Haben Sie schon etwas von der neuen Planung gehört? Wie denken Sie darüber?
2. Wie lange wohnen Sie schon hier?
3. Wie hoch ist ihre jetzige Miete (pro m²)? Aus wievielen Personen besteht ihr Haushalt?
4. Wie groß ist die Grundfläche Ihrer Wohnung?
5. Wir haben gehört, daß der Mietpreis nach Abschluß der Neugestaltung erhöht werden soll. Wie denken Sie darüber? Was glauben Sie, bedeutet das für die Situation der Leute, die hier wohnen?
6. Wenn Sie die Wahl hätten, würden Sie gern in dem alten, renovierten Haus oder in einem modernen Neubau wohnen?
7. Wenn Sie eine neue Wohnung bekommen könnten, sollte sie dann größer, gleich groß oder kleiner sein als die jetzige Wohnung?
8. Was meinen Sie, wo Sie während der Sanierung wohnen werden?
9. Was glauben Sie, können die Leute, die hier wohnen, im Durchschnitt höchstens an Miete aufbringen?
10. Was können Sie höchstens bezahlen?
11. Wenn Sie für längere Zeit verreisen, wem geben Sie dann den Schlüssel für Ihre Wohnung?
12. Halten Sie es für wichtig, daß die Leute, mit denen Sie hier seit Jahren zusammenwohnen, auch nach der Stadtsanierung zusammen wohnen werden?
13. Was denken Sie, was die Leute, die hier wohnen, am meisten ärgert? Was sollte man tun, um das zu ändern?
14. Gibt es eine Vereinigung, die Ihre Interessen vertritt?
15. Wissen Sie von den Mieterversammlungen der Stadt? Wie denken Sie darüber?
16. Besitzen Sie ein Auto? Für welche Strecken benutzen Sie es? Wann benutzen Sie öffentliche Verkehrsmittel?

Ideenfragen

1. Gehen Sie gerne in der Stadt spazieren? Was gefällt Ihnen in der Stadt und was nicht?
2. Wo in der Stadt gehen Sie hin, wenn Sie sich erholen wollen?
3. Was denken Sie, sollte für die Kinder, die im Spielalter sind, gemacht werden?
4. Was für Jugendliche?
5. Was sollte für Ältere getan werden?
6. Alte Leute sind oft sehr isoliert und einsam. Haben Sie irgendwelche Ideen, wie man Kontakte zwischen den verschiedenen Altersgruppen herstellen kann, um die Isolierung aufzubrechen?
7. Es bestand die Idee, die ganze Innenstadt vom Verkehr freizuhalten. Was halten Sie davon?

Aktionsfragen

1. Sind Sie interessiert an den Ergebnissen dieser Befragung?
2. Würden Sie es begrüßen, wenn sich die Betroffenen zu einer Interessengruppe zusammenschließen würden?
3. Würden Sie mitmachen?
4. Haben Sie Vorschläge, wann und wo man sich treffen könnte?
5. Wen sollte man noch fragen, von dem Sie glauben, daß er interessiert ist?
6. Was würden Sie vorschlagen, was man als erstes tun sollte?

Nach: Alf Seippel: Handbuch aktivierende Gemeinwesenarbeit. Gelnhausen u. a. 1976., S. 223 f.

Legenden, Mythen, Vorurteile

Es ist eine Binsenweisheit, daß die Schülerinnen und Schüler im Politikunterricht ihre eigenen Meinungen, Einstellungen, Deutungsmuster und Vorerfahrungen zu den jeweiligen Themen mitbringen. Doch obwohl es sich dabei immer wieder auch um Legenden, Mythen und Vorurteile handelt, müssen und sollen diese Voreinstellungen zum Ausgangspunkt für den Unterricht gemacht werden.

Vorgehensweise

In einem ersten Schritt können solche Voreinstellungen (die bei den Schülerinnen und Schülern oder bei bestimmten gesellschaftlichen Gruppen vorhanden sind) gesammelt und auf Karten geschrieben werden.

Anschließend geht es darum, einzelne oder mehrere dieser „Scheinargumente" mit der Wirklichkeit zu konfrontieren. Die Karten können z. B. reihum weitergegeben und von den anderen Schülerinnen und Schülern mit „Gegenargumenten", Hinweisen oder Stellungnahmen versehen werden. Die Karten können aber auch an eine Pinwand geheftet und zur weiteren gemeinsamen Arbeit verwendet werden. Die Lehrerin / der Lehrer kann entsprechende Informationen zur Verfügung stellen. Die Klasse kann auf dem Hintergrund ihres Wissens Korrekturen vornehmen. Es können weitergehende Informationen gesucht werden (z. B. in der Fachliteratur, in Archiven, bei Fachleuten) usw. Wichtig ist es dabei zu beachten, daß Vorurteile bestimmte psychische Bedürfnisse befriedigen und daß deshalb Informationen allein häufig keine Korrektur bewirken.

Funktion von Vorurteilen

- ▲ **Ordnungsfunktion**: Vorurteile helfen die Welt zu ordnen; sie bedeuten Denkersparnis; die verwirrende Vielfalt des Lebens kann so in „geistige Schubladen" eingeordnet werden, es findet eine „Reduktion von Komplexität" statt.
- ▲ **Stabilisierungsfunktion**: Stabilisierung des eigenen Selbstwertgefühls und des Gruppenzusammengehörigkeitsgefühls – auf Kosten anderer.
- ▲ **Angstabwehr**: Angst und Unsicherheitsabwehr – auf Kosten anderer.
- ▲ **Aggressionsabfuhr**: Vorurteile ermöglichen gesellschaftlich gebilligte Aggressionsabfuhr an Vorurteilsobjekten.
- ▲ **Manipulation**: Vorurteile können politisch und wirtschaftlich als Manipulationsinstrumente ausgenutzt werden.
- ▲ **Anpassung**: Vorurteile bewirken Anpassung an herrschende Gruppen und Gruppenmeinungen.

Zum Beispiel: Nationalsozialismus

„Legenden sind oft attraktiver als die Wirklichkeit, Vorurteile bequemer als die rationale Weltsicht, und historische Lügen dienen als Waffen in der politischen Auseinandersetzung, wenn Argumente fehlen. Politische und historische Legenden, Lügen und Vorurteile bilden den Nährboden für Spekulationen und darauf begründete einseitige oder falsche Geschichtsbilder und Propagandathesen. (...) Ein beträchtlicher Teil der Diskussion um Ereignisse und Wirkungen, Ursachen und Folgen der jüngsten Geschichte wird mit Vorurteilen und Fehlinformationen bestritten, die seit langem zur Vorstellungswelt nicht nur der deutschen Stammtische gehören. Unter der Hitlerherrschaft habe es keine Kriminalität gegeben, Frauen hätten sich unbesorgt auch nachts auf die Straße wagen können, die Sozialpolitik des Dritten Reiches sei vorbildlich gewesen wegen der Beseitigung der Arbeitslosigkeit durch Hitler, wegen der KdF-Reisen, wegen der Autobahnen und des Volkswagens oder ganz allgemein mit Hinweis auf die ‚Volksgemeinschaft'. Solche Legenden dienen der Verklärung der NS-Zeit. Die Unkenntnis über den tatsächlichen Sachverhalt und die wirklichen Zusammenhänge (zum Beispiel Beseitigung der Arbeitslosigkeit durch Rüstungspolitik, die durch Inflation finanziert war) kann man als noch verhältnismäßig harmlos werten. Das trifft aber für den Komplex der Judenverfolgung, für die ‚Endlösung' wie auch für die Vernichtung anderer Volksgruppen nicht zu: diese Legenden und absichtlich verbreiteten Lügen sind gefährlich."

Wolfgang Benz: Vorwort. In: Wolfgang Benz (Hrsg.): Legenden, Lügen, Vorurteile. Ein Lexikon zur Zeitgeschichte. München 1990.

Aktivierende Methoden

Legenden, Mythen, Vorurteile
Beispiel

„Die Ausländer ..."

Ausländerfeindlichkeit macht sich häufig (vordergründig) vor allem an drei Problembereichen fest: **Wohnungsnot**, **Arbeitslosigkeit** und **Überfremdung**. Die Ursachen sowie die Lösung für diese Probleme werden dabei in der Begrenzung und Rückkehr der Ausländer gesehen:

Die Wohnraumlegende

„Die Ausländer nehmen uns die Wohnungen weg!"

Tatsache ist ...

▲ Die Wohnungsnot trifft Deutsche wie Ausländer gleichermaßen.
▲ Die Konzentration von ausländischen Familien in Innenstadtgebieten (nahe den Ballungszentren der Industrie) hängt mit der schlechten Infrastruktur (Spielplätze, Kindergärten, Grünflächen ...) und dem schlechten Zustand der Wohnungen in diesen Gebieten zusammen. Viele deutsche Familien verließen aus diesen Gründen die Innenstadtbezirke.
▲ Viele ausländische Haushalte wohnen in Altbauten, in Wohnungen ohne Sammelheizung, ohne Bad und WC. Viele Ausländer wollen verständlicherweise bessere Wohnungen, auch wenn sie dafür höhere Mieten zahlen müssen.
▲ Das Ausländergesetz verlangt von ausländischen Familien den Nachweis von Mindestwohnflächen und ausreichender Bausubstanz, um in der Bundesrepublik bleiben zu können bzw. Familienangehörige nachholen zu können.

Die Arbeitsplatzlegende

„Die Ausländer nehmen uns die Arbeitsplätze weg!"

Tatsache ist ...

▲ Die seit Jahren bestehende hohe Arbeitslosigkeit ist nicht auf die Anwesenheit ausländischer Arbeitnehmer zurückzuführen, sondern auf den starken Rationalisierungsdruck und die strukturellen Schwierigkeiten einzelner Branchen.
▲ In vielen Wirtschaftszweigen und dort vor allem in bestimmten Produktionsbereichen sind vorwiegend Ausländer beschäftigt. Ohne sie würden diese Betriebe oder Dienstleistungsbereiche nicht arbeiten können. Dies gilt u. a. für den Bergbau unter Tage, die Automobilindustrie, den Hoch- und Tiefbau und Gießereien und Schmieden ebenso wie städtische Müllabfuhren.
▲ Die Arbeitslosigkeit in der Bundesrepublik ist regional sehr unterschiedlich. In den Bundesländern mit der niedrigsten Arbeitslosigkeit (Baden-Württemberg, Bayern) wohnen mit am meisten Ausländer.
▲ Die Arbeitslosigkeit bei Ausländern ist um ca. fünf Prozentpunkte höher als die der deutschen Beschäftigten.

Die Überfremdungslegende

„Die Ausländer überfremden das deutsche Volk!"

Tatsache ist ...

▲ Die Ausländer haben die BRD nicht überflutet, sondern sind von der deutschen Wirtschaft geholt worden.
▲ Aufgrund der EG-Gesetzgebung und der darin vereinbarten Freizügigkeit der EG-Bürger besitzen diese ein „Daueraufenthaltsrecht" und Arbeitsrecht in allen EG-Staaten.
▲ Umfragen haben ergeben, daß viele Deutsche, die von Überfremdung reden, keinerlei Kontakt zu Ausländern haben.
▲ Bei einem Ausländeranteil von ca. 8 % der Gesamtbevölkerung kann kaum von Überfremdung geredet werden.
▲ Das „Argument" soll wohl heißen, „jeder Ausländer ist ein Ausländer zuviel".
▲ Begriffe wie „Überfremdung", „Überschwemmung", „ungezügelter Zustrom" sind politische Kampfbegriffe, die eine bestimmte Stimmung in der Bevölkerung erzeugen sollen, die sich politisch für eigene Interessen nutzen läßt.

Spinnwebanalyse

Die Spinnwebanalyse ist eine einfache Form dafür, wie in Kleingruppen Ursachen nachgegangen, Zusammenhänge aufgezeigt oder Folgen deutlich gemacht werden können.

Vorgehensweise

Ein konkretes Problem (oder ein Sachverhalt) wird benannt und in die Mitte eines großen Blattes Papier (DIN-A1) geschrieben. Danach sammelt die Gruppe die direkten Ursachen oder Folgen des Problems. Diese werden nun in Kreisen um das Problem herum festgehalten (Ursachen erster Ordnung).
Als nächster Schritt werden die direkten Ursachen oder Folgen der eben gefundenen Ursachen ausgemacht und wiederum festgehalten (Ursachen zweiter Ordnung).
Diese Ursachen werden wiederum auf ihre Entstehungsbedingungen zurückverfolgt (Ursachen dritter Ordnung).

So entsteht ein Ursachengeflecht, das vielfältige Querverbindungen aufweist und (vielleicht) auch einige der Hauptursachen benennt.

Da es sich um eine Gruppenaufgabe handelt, muß sich die Gruppe an manchen Punkten einigen. Die Spinnwebanalyse ist jedoch so offen angelegt, daß vielfältige Meinungen auch nebeneinander stehen und als Gedankenstränge weiterverfolgt werden können.

Diese Methode erlaubt eine selbständige Analysearbeit der Schülerinnen und Schüler.

Wichtig ist die Ausgangssituation möglichst konkret zu beschreiben. Also nicht: „Ursachen für Gewalt", sondern z. B. „Jugendliche bewerfen ein Ausländerwohnheim mit Steinen"

Variationen

▲ Zu einem Themenbereich werden verschiedene Aussagen, die Ursachen, Folgen usw. beschreiben, auf kleine Kärtchen geschrieben. Diese Aussagen sollen nun so sortiert werden, daß sie ein Beziehungsgeflecht von Ursachen und Wirkungen ergeben. (Vgl. Arbeitsmaterial. Ausgangspunkt ist hier: Der Kauf einer Tafel Schokolade.)
▲ Es wird eine Spinnwebstruktur vorgegeben, in die Begriffe eingetragen werden müssen. (Vgl. Kopiervorlage)
▲ Die Spinnwebananylse wird nicht mit sprachlichen Aussagen, sondern mit Bildern durchgeführt. Aussagekräftige Bilder (oder Symbole) werden für die verschiedenen Ursachen aufgeklebt. Die Bilder können aus Illustrierten, die zur Verfügung gestellt werden, ausgewählt und ausgeschnitten werden.

ca. 45

Materialien

▲ Für jede Gruppe 2 Bogen DIN-A1-Papier
▲ Wachsmalkreide

Aktivierende Methoden

Spinnwebanalyse Beispiel

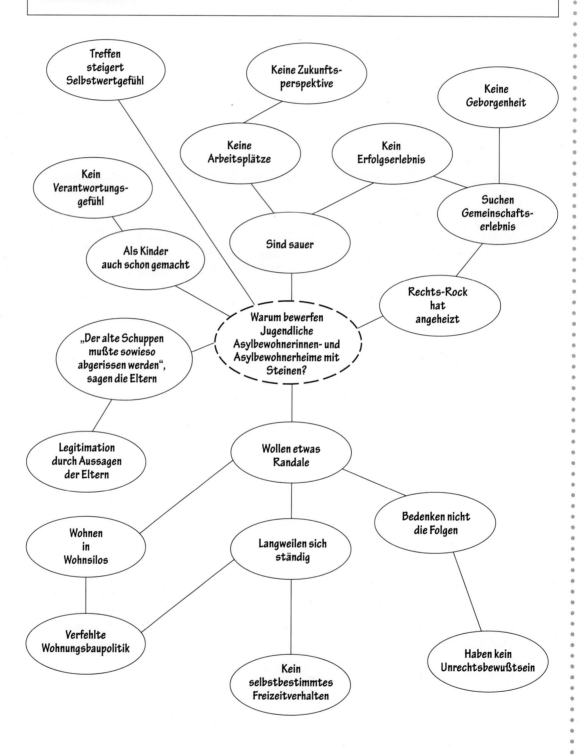

Aktivierende Methoden

Spinnwebanalyse
Kopiervorlage

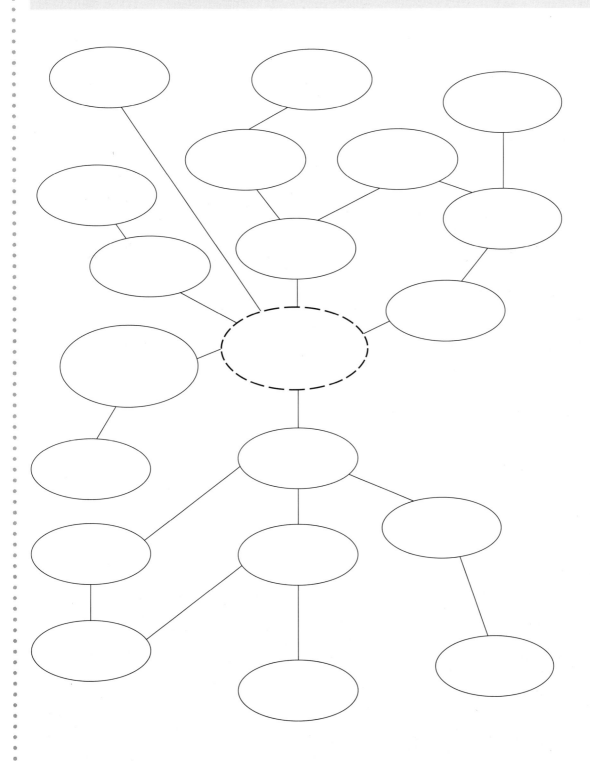

Aktivierende Methoden

105

Spinnwebanalyse
Arbeitsmaterial

Schokolade wird aus Kakao hergestellt, einer Pflanze, die ursprünglich aus Südamerika kam.

Die Europäer brachten Kakao nach Afrika und nahmen das Land in Besitz, um es dort anzubauen.

Kakaoplantagen bedecken weite Flächen, speziell in Afrika.

Es mangelt an fruchtbarem Boden, um Nahrungsmittel für die einheimische Bevölkerung in vielen armen Ländern anzubauen.

Es gibt viel Hunger in der Welt, vor allem in Afrika.

Beim Kakaoanbau werden chemische Pestizide verwendet. Die FeldarbeiterInnen kommen oft mit giftigen Sprays in Berührung.

Es verschwinden die Bäume in vielen armen Ländern, weil sie als Brennholz verwendet werden und weil Plantagen angelegt werden.

Öl ist für die meisten Menschen in armen Ländern zu teuer, deshalb verbrennen sie gesammeltes Holz.

Exportfrüchte wie Kakao werden an die reichen Länder verkauft, aber die Preise, die die armen Länder erhalten, sinken.

Beim Verbrennen entsteht CO_2.
Bäume nehmen CO_2 auf.

Die Zunahme an CO_2 in der Luft führt zur Erderwärmung.

Wenn sich die Erde erwärmt, wird es zu Dürre und mehr Hunger kommen.

Für die meisten Schokoladensorten wird geworben, so daß noch mehr verkauft wird.

Die Werbung zeigt reiche und glückliche Menschen, die das jeweilige Produkt konsumieren.

Zu viel Schokolade ist schlecht für die Gesundheit.

Den Menschen wird eingeredet, noch mehr Geld auszugeben und dies kann zu deren privater Verschuldung führen.

Viele arme Länder verschulden sich zunehmend.

Arme Länder müssen Erdöl und die meisten industriell gefertigten Güter kaufen.

Kakao wird bis nach Europa gebracht, ehe hier daraus Schokolade gemacht wird.

Die weltweiten Erdöllager werden aufgebraucht und das Erdöl wurde viel teurer.

Die meiste aus Öl und Kohle gewonnene Energie wird in den reichen Ländern verbraucht.

Die Erdölverschmutzung hat dem Leben im Meer und den Menschen schon sehr geschadet.

Schokolade wird in Europa in Fabriken hergestellt.

Schokolade wird in viel Papier gepackt, das auch in Fabriken hergestellt wird.

Die Verpackung führt zu viel Abfall.

Der Abfall muß verbrannt oder entsorgt werden.

Große Waldgebiete in Europa wurden (durch die Anpflanzung von Pinienwäldern) zu Produktionsstätten für die Papierindustrie.

„Du kaufst eine Tafel Schokolade"

Die einzelnen Aussagen werden ausgeschnitten und auf Karten geklebt. Die Karten sollen in eine sinnvolle Struktur gebracht werden, die die Auswirkungen und Folgen beim Kauf einer Tafel Schokolade deutlich macht. Dabei sollten verschiedene Betrachtungsebenen unterschieden werden.

Vgl. Eine Welt für alle (Hrsg.). Umwelt und Entwicklung. Unterrichtsmaterial. Köln 1992.

Aktivierende Methoden

Szenarios

In einem Szenario wird ein allgemeines Problem in einem konkreten Fall geschildert, das unter einer bestimmten Fragestellung bearbeitet werden soll.

Die Bearbeitung wird in Form einer Gruppendiskussion durchgeführt. Die Gruppe soll nach der vereinbarten Zeit die Antworten auf die Fragen abliefern und über ihre Überlegungen und Begründungen informieren. In der Klasse werden die Antworten verglichen.

Ablauf:

▲ Aufteilung der Schülerinnen und Schüler in Kleingruppen (5 bis 8 Personen).
▲ Vorlesen und Verteilen des Szenarios.
▲ Vorlesen und Verteilen der Fragestellung.
▲ Gruppenarbeit, die Gruppe soll zu einem Ergebnis kommen.
▲ Auswertung im Plenum.

Diese Methode ermöglicht eine intensive Auseinandersetzung mit einem Thema sowie das Formulieren eigener Ansichten. Sie erfordert gleichzeitig eine Begründung der Meinung sowie das Eingehen auf die Argumente der anderen.
Kommt die Gruppe zu keiner einheitlichen Meinung, so müssen die verschiedenen Meinungen in der Klasse dargestellt werden. Es ist hilfreich, wenn die Gruppe ihre wichtigsten Punkte auf einer Wandzeitung festhält.

40–60

Die gestohlenen Stiefel

Gewöhnlich legen Bergarbeiter nach der Schicht ihre Arbeitskleidung im Waschraum in Körbe, die sie dann mit einer Leine zur Decke ziehen. Eines Nachts entdeckte ein Bergarbeiter, daß seine Stiefel verschwunden waren. Ohne Stiefel konnte er jedoch nicht einfahren. Aufgebracht ging er daher zu seinem Vorarbeiter und beschwerte sich: „Verdammt, jemand hat meine Stiefel gestohlen! Das ist ganz schön unverschämt! Warum soll ich denn den Lohn für eine Schicht verlieren und noch dazu das Geld für ein neues Paar Stiefel ausgeben, bloß weil der Betrieb mein Eigentum nicht schützen kann?"

Diskutieren Sie

▲ Wer trägt die Verantwortung für den Schaden?
▲ Welche Möglichkeiten zu einer Einigung zu kommen sind denkbar?
▲ Welche Lösung ist im Interesse des Arbeiters, welche im Interesse des Betriebes anzustreben?
▲ Wie würden Sie als Vorarbeiter reagieren?

Wie die Geschichte weiterging

„Dein Pech!" erwiderte der Vorarbeiter. „Der Betrieb haftet nunmal nicht für persönliches Eigentum, das auf dem Betriebsgelände zurückgelassen wird. Lies dir mal die Vorschriften durch!" „Denen werd' ich's zeigen!" murmelte der Bergarbeiter. „Wenn ich die Schicht nicht fahren kann, dann fährt sie auch kein anderer!"
Er überredete einige Kumpel, mit ihm in Streik zu treten, und sofort erklärten sich alle übrigen Bergarbeiter mit ihm solidarisch und legten ihre Arbeit nieder.
Der Leiter des Bergwerks erzählte uns später, er selbst habe den Bergarbeitern die gestohlenen Stiefel immer ersetzt, und er fügte hinzu, daß der Vorarbeiter dasselbe hätte tun sollen. „Hätte der Vorarbeiter dem Kumpel gesagt: ‚Ich kauf' dir ein neues Paar Stiefel, leih dir jetzt welche', dann wäre es nie zu dem Streik gekommen."

William L. Ury u. a.: Konfliktmanagement. Wirksame Strategien für den sachgerechten Interessenausgleich. Frankfurt/New York 1991, S. 19.

Aktivierende Methoden

Szenarios
Beispiel 1

Szenario Umweltschutz

Nach einem Sommer, in dem sich die Smog-Alarme und die Ozon-Warnungen in Deutschland gehäuft haben, will die Bundesregierung ein Aktionsprogramm zum Umweltschutz, das eine Vielzahl von Sofortmaßnahmen umfaßt, beschließen.

Ziel des Programms ist vor allem, die von vielen Wissenschaftlern prognostizierte Zerstörung der Ozon-Schicht und die damit verbundenen klimatischen Veränderungen abzuwehren. Das Aktionsprogramm umfaßt einen breiten Katalog von Einzelmaßnahmen, die von der Reduzierung des Autoverkehrs bis hin zu Subventionen für den Regenwald in Südamerika reichen.

Folgende Maßnahmen treffen die Bürger ganz direkt: Sonntagsfahrverbot, drastische Erhöhung der Benzinpreise, Geschwindigkeitsbeschränkung auf Autobahnen auf 120 km/h, Zulassungsbeschränkungen für Zweitwagen, Sperrung der Innenstädte für den Autoverkehr. Finanziert werden diese und weitere Umweltschutzmaßnahmen über eine für jeden spürbare Sonderabgabe. Die Pläne der Bundesregierung lösen in der Bevölkerung erhebliche Diskussionen aus.

Fragen:

1. Stellen Sie sich vor, Sie würden mit Freunden über dieses Programm diskutieren. Welche Haltung würden Sie einnehmen, wie würden Sie sie begründen?
2. Wodurch kann es überhaupt zu einer solchen Situation kommen, wer ist Ihrer Meinung nach verantwortlich dafür?

Erfahrungen

Wie es scheint, zeigen diejenigen, die sich für Umweltfragen interessieren, auch erhöhte Handlungsbereitschaft in Hinblick auf Umweltschutz. Die große Mehrheit (etwa 80 %) ist „Feuer und Flamme" für die doch recht rigorosen Maßnahmen, einem Teil der Befragten gehen sie sogar nicht weit genug.

Dies schlägt sich in Äußerungen nieder wie:

„Wir haben nur eine Welt für alle, wir müssen zu ihrer Erhaltung beitragen."

„Ohne radikale Maßnahmen werden die Menschen nicht umdenken, nicht handeln."

Als wichtigste Bedingungen für die Akzeptanz eines solchen Programms werden das Angebot von Alternativen, wie z. B. der Ausbau und Verbilligung des öffentlichen Nahverkehrs gesehen sowie Berücksichtigung des Verursacherprinzips und die Berücksichtigung sozialer Komponenten (Staffelung von Abgaben nach Einkommen).

Bei der Zuweisung von Verantwortung für die Situation im Umweltbereich fassen sich die meisten „an der eigenen Nase": Jeder einzelne / wir alle (als Autofahrer, als Verbraucher) sind verantwortlich, meint die Mehrheit.

Zu der im Szenario geschilderten Situation konnte es nach Meinung der Befragten kommen, weil u. a. die Bürger zu sorglos und bequem sind, adäquate Gesetze fehlen und Konsum- und Profitdenken vorherrschen.

Nach: Christian Heiliger / Karin Kürten: Jugend '92: Ergebnisse der IBM-Jugendstudie. In: Institut für Empirische Psychologie (Hrsg.): Die selbstbewußte Jugend. Orientierungen und Perspektiven zwei Jahre nach der Wiedervereinigung. Die IBM-Jugendstudie '92, Köln 1992, S. 119–123.

Szenarios
Beispiel 2

Szenario zu Ausbildung und Beruf

Eine junge Frau entschließt sich nach Abschluß der Realschule, eine Ausbildung als Maskenbildnerin anzustreben, da sie hierzu eine besondere Neigung empfindet und sich talentiert fühlt. Alle Bekannten und Freunde, auch die Berufsberatung des Arbeitsamtes, raten ihr aber von diesem Vorhaben ab, da äußerst schlechte Berufsaussichten bestünden. Sie solle lieber einen zukunftssicheren Beruf erlernen, zumal ihre Noten auch das Überwechseln in eine Fachoberschule zulassen. Ihre Eltern wollen sie von der Maskenbildnerinnenausbildung abhalten und weigern sich, sie finanziell zu unterstützen. Die junge Frau sieht sich vor die Entscheidung gestellt: Berufliche Sicherheit oder Verwirklichung persönlicher Vorlieben, möglicherweise verbunden mit Opfern.

Fragen

1. Wie würden Sie sich in einem solchen Fall entscheiden, was würden Sie der jungen Frau raten?
2. An wen würden Sie sich um Rat wenden?
3. Können Sie sich eine Situation vorstellen, in der die junge Frau gar nicht erst in die oben beschriebenen Schwierigkeiten gekommen wäre? Wie müßte die aussehen?

Erfahrungen

In diesem Szenario wird eine für viele Jugendliche typische Situation entworfen, die vor der Frage der Berufswahl stehen: Was tun, wenn man den Interessen und Neigungen nach zu einem Beruf tendiert, der entweder überlaufen ist oder aus sonstigen Gründen keine sichere Zukunft verspricht?

Nach der IBM-Jugendstudie 1992 entscheiden sich die Jugendlichen wie folgt:

„**Ich würde meine persönlichen Vorstellungen und Neigungen verwirklichen**"– dafür entscheiden sich rund 65 %.

Nur ein Viertel der Jugendlichen sagt: „**Ich würde mich für berufliche Sicherheit entscheiden/etwas anderes erlernen**".

Die restlichen 10 % würden versuchen, doch noch **beides zu kombinieren**, indem sie z. B. zunächst einen aussichtsreicheren Beruf wählen und dann ihren Wunschberuf anschließend erlernen.

Rat und Hilfe würden die Jugendlichen bei folgenden Stellen/Personen einholen (Rangfolge)

1. Freunde, Bekannte, Verwandte,
2. Arbeitsamt, Berufsberatung,
3. Berufstätige in der Branche,
4. Auszubildende im angestrebten Beruf,
5. Eltern.

Bei der Jugendstudie wird deutlich: Selbstverwirklichung im Beruf ist für Jugendliche ein ganz zentrales Moment. Bei der Durchsetzung dieses Ziels zeigen sie sich selbstbewußt und risikofreudig und vertrauen auf die eigene Leistungsfähigkeit. Gesellschaftliche Schuldzuweisungen, was Berufschancen angeht, nehmen sie nicht vor, sondern handeln eher nach der Devise „Jeder ist seines Glückes Schmied".

Nach: Christian Heiliger / Karin Kürten: Jugend '92: Ergebnisse der IBM-Jugendstudie, a. a. O., S. 126 ff.

Aktivierende Methoden

Szenarios
Beispiel 3

Szenario zum Asylrecht

In einer Kleinstadt sind ca. 60 Asylsuchende in einem leerstehenden Schulgebäude untergebracht. Seit Jahren gibt es verschiedene Bürgerinitiativen, die eine Verwendung des Gebäudes für ihre Zwecke fordern. So will z. B. eine Elterninitiative die Räume für einen dringend erforderlichen Kindergarten nutzen. Die Stadtverwaltung sieht aber gegenwärtig keine andere Unterbringungsmöglichkeit für die Asylsuchenden. Der Unmut der Bevölkerung wächst von Tag zu Tag; es ist schon vorgekommen, daß rechtsradikale Gruppen Fensterscheiben des Gebäudes eingeworfen haben.

Fragen

1. Welchen Lösungsvorschlag haben Sie für die oben beschriebene Situation?
2. Von welchen Stellen ist Rat und Hilfe zu erwarten?
3. Wodurch kann es überhaupt zu einer solchen Situation kommen, wer ist Ihrer Meinung nach verantwortlich dafür?

Erfahrungen

In diesem Szenario wird ein Konflikt entworfen, bei dem die Interessen der BürgerInnen und Bürger konkret gegen die von Asylsuchenden stehen.

▲ Ein Teil der Jugendlichen, die sich mit dem Szenario auseinandergesetzt haben, ist dem Konflikt ausgewichen: sie schlagen in vielen Varianten vor, einen anderen Unterbringungsort für die Asylsuchenden zu finden – was ja zumindest für den Moment im Szenario ausgeschlossen war.

▲ Eine weitere, etwa gleich große Gruppe beschäftigte sich auch nicht direkt mit Lösungsmöglichkeiten, sondern denkt grundsätzlich darüber nach, wie solche Situationen, (zukünftig) zu vermeiden wären. Die Tendenz geht hier insgesamt dahin: politisches Asyl ja, aber die Zahl der Anerkennungen mit möglichst strengen Gesetzen möglichst klein halten.

▲ Eine dritte Gruppe stellt sich angesichts der Konfliktsituation des Szenarios auf die Seite der Elterninitiative und gegen die Interessen der Asylsuchenden.

▲ Es gibt aber auch die Gruppe derjenigen, die sich im Konfliktfall auf die Seite der Asylsuchenden stellen würden, das Grundrecht auf politisches Asyl verteidigen und versuchen, Wege aus dem Dilemma zu finden.

Auffällig ist in der Bearbeitung des Szenarios die häufig Gleichsetzung der Begriffe „die Ausländer" und „die Asylanten", d. h. hier werden keine oder wenig Unterschiede gemacht, alles geht auf in einer allgemein ablehnenden Grundhaltung.

Nach: Christian Heiliger / Karin Kürten: Jugend '92: Ergebnisse der IBM-Jugendstudie, a. a. O., S. 138 ff.

Polaritätsprofil

Polaritätsprofile sind Hilfsmittel um Eigenschaften, die eine Person oder Gruppe einer anderen Person oder Gruppe zuschreibt, sichtbar zu machen. Auf Nationen bezogen werden diese Eigenschaften als nationale Stereotype bezeichnet (die Deutschen, die Franzosen usw.)

Polaritätsprofie können angefertigt werden von
- ▲ lebenden Personen (z. B. Politikern),
- ▲ geschichtlichen Personen,
- ▲ literarischen Personen (z. B. Katharina Blum),
- ▲ fiktiven Gestalten (Superman),
- ▲ Personengruppen
  (Arbeitgeber, Soldaten, Zivildienstleistende, Frauen, Männer ...),
- ▲ Volksgruppen und Nationen
  (Sinti und Roma, Bayern, Italienern, Deutschen ...).

Dabei besteht immer die Wahl zwischen Gegensatzpaaren wie z. B. **schön—häßlich** oder **gut—böse**. Diese Wahl muß jedoch nicht absolut getroffen werden, sondern kann abgestuft sein.
Das als Kurve auszuzeichnende Profil zeigt dann auf einen Blick, ob eine Person eher als „negativ" oder „positiv" eingeschätzt wird. Die Kurve verrät etwas über das öffentliche Bild der charakterisierten Person, aber auch über die beurteilende Person.

Selbstbilder und Fremdbilder

Mit Hilfe des Polaritätenprofils können sowohl Selbst- oder Eigenbilder als auch Fremdbilder ermittelt werden.

Selbstbild:
Das Bild, das sich die Befragten von den Mitgliedern der eigenen Gruppe machen.

Fremdbild:
Das Bild, das sich die Befragten von den Mitgliedern einer fremden Gruppe machen.

Interessante Erkenntnisse über Voreinstellungen und Vorurteile erhält man, wenn Selbst- und Fremdbilder aus zwei Gruppen verglichen werden. (Vgl. Erfahrungsbericht S. 113)

Der Vergleich von Polaritätsprofilen kann leicht mit Hilfe eines Tageslichtprojektors anschaulich gemacht werden, indem mehrere Profile auf Folie kopiert und übereinandergelegt werden.
Die Profile einer Klasse können jedoch auch als Mittelwerte (mit den jeweiligen extremen Abweichungen) auf ein gesondertes Blatt übertragen werden.

Werden solche Fragebogen für mehrere Klassen eingesetzt, so können die Ergebnisse auf Datenträger übernommen und durch einen Computer ausgewertet werden.

20

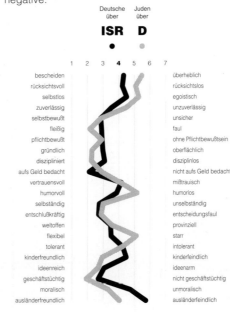

Die Volksmeinungen in Deutschland und Israel über typische Eigenschaften

Die Deutschen sollten sich über die Eigenschaften der Juden in Israel, diese sollten sich über die Eigenschaften der Deutschen äußern. Es wurden jeweils 22 Eigenschaftspaare genannt (Beispiel: „bescheiden—überheblich"). Die Befragten konnten ein Kreuz in eines von sieben Kästchen setzen und so differenzieren. Das Schaubild zeigt die Mittelwerte. Liegt der Mittelwert links von dem Wert 4, so überwiegt die positive Meinung, rechts von dem Wert 4 überwiegt die negative.

Quelle: Der Spiegel, Nr. 3/1992

Aktivierende Methoden

Polaritätsprofil
Arbeitsmaterial

Polaritätsprofil für:

	trifft zu			trifft zu		
	voll	**teilweise**	**weder noch**	**teilweise**	**voll**	
hart						weich
stark						schwach
empfindlich						dickfellig
draufgängerisch						gehemmt
kühl						hitzig
zerfahren						bedächtig
nüchtern						verträumt
wild						sanft
aktiv						passiv
großzügig						knauserig
hilfsbereit						egoistisch
friedlich						angriffslustig
nachgiebig						streng
gesellig						zurückgezogen
unterwürfig						herrisch
mitleidlos						mitleidig
gesund						krank
jung						alt
schön						häßlich
erfolgreich						erfolglos
energisch						schlapp
zielstrebig						planlos
rein						unrein
strahlend						finster
frisch						vergammelt
heiter						bedrückt
vergnügt						mißmutig
munter						müde
mutig						feige
ehrlich						verlogen
freundlich						feindlich
sympathisch						unsympathisch
liebenswert						hassenswert
gut						böse

Aktivierende Methoden

Polaritätsprofil Erfahrungen 1

Einsatz von Polaritätsprofilen im Rahmen des Deutsch-Französischen Schüleraustausches

Um herauszubekommen, welche Eigenschaften den Bewohnern des jeweiligen Nachbarlandes zugeschrieben werden, haben wir 51 Schülern des Lycé Mounier in Grenoble und des Paracelsus-Gymnasiums in Stuttgart-Hohenheim einen Fragebogen mit 33 Gegensatzpaaren vorgelegt.

Auf einer Skala mit 5 Punkten sollte angekreuzt werden, wie sehr die Eigenschaften auf Franzosen bzw. Deutsche zutreffen. Die Befragung wurde jeweils vor und nach dem Austausch bei allen beteiligten Schülern durchgeführt. Um gewisse Routinen beim Ausfüllen der Fragebogen auszuschließen, haben wir die Position der Gegensatzpaare abwechselnd links positiv, rechts negativ – und umgekehrt – aufgelistet.

Bei der Auswertung wurde diese Reihenfolge wieder so geändert, daß links durchgehend positiv besetzte Eigenschaften stehen. Allerdings stellt diese Polung eine subjektive Vorgabe dar, weil durchaus umstritten sein kann, ob die Eigenschaft „nüchtern" oder „genußsüchtig" positiv besetzt ist.

Bei der Übersetzung (und Auswertung) muß berücksichtigt werden, daß dasselbe Wort, jeweils in völlig verschiedenem kulturellen Kontext eingebettet ist.

Die Ergebnisse

Die französischen Schülerinnen und Schüler sind sich generell weniger einig als die deutschen, d. h. ihre Antworten streuen breiter.

Die errechneten Mittelwerte sind daher bei einer Reihe von Begriffspaaren (u. a. locker — steif, demokratisch — undemokratisch, fleißig — faul) nicht aussagekräftig. Bei diesen Begriffspaaren kann es sich also jeweils nicht um Stereotypen handeln, weil sich hier sehr individualistische Einstellungen äußern.

Aussagekräftig sind die extremen Kurvenausschläge. Demnach werden den Franzosen von den Deutschen besonders „locker", „gastfreundlich" und „kontaktfreudig" als positive Eigenschaften nachgesagt. Eher negativ wird angekreidet, sie seien „verschwenderisch", „nicht umweltbewußt", „sprachunbegabt" und „genußsüchtig".

Die Einstellungsäußerungen, die sich bei den deutschen Schülerinnen und Schülern durch den Schüleraustausch ergaben, sind gering. War vor dem Austausch die durchschnittliche Bewertung der Franzosen bei 2,5 gelegen, so verschiebt sie sich nach dem Austausch leicht nach 2,7. Bei 10 von 33 Begriffspaaren gab es eine signifikante Veränderung. Alle gingen in die negative Richtung.

Vgl. Hans-Peter Biege u. a.: Deutsch-Französischer Schüleraustausch. Erfahrungen – Bewertungen – Anregungen. Landeszentrale für politische Bildung Baden-Württemberg, Stuttgart 1986, S. 16 ff, Auszüge.

Polaritätsprofil
Erfahrungen 2

Deutsche sehen **F** ●

Franzosen sehen **D** ●

	1	2	3	4	5	
locker						steif
friedlich						streitsüchtig
gastfreundlich						abweisend
sparsam						verschwenderisch
humorvoll						humorlos
demokratisch						undemokratisch
wissbegierig						uninteressiert
entschlußfreudig						zögerlich
fleißig						faul
kontaktfreudig						verschlossen
ernsthaft						oberflächlich
weltoffen						provinziell
sportlich						unsportlich
zuverlässig						unzuverlässig
europäisch						nationalistisch
tapfer, mutig						feige, ängstlich
redegewandt						schwerfällig
informiert						uninformiert
bescheiden						überheblich
liberal						autoritär
umweltbewußt						nicht umweltbewußt
erfinderisch						einfallslos
kinderlieb						kinderfeindlich
diplomatisch						undiplomatisch
rebellisch						obrigkeitshörig
ausländerfreundlich						ausländerfeindlich
sprachbegabt						sprachunbegabt
hilfsbereit						egoistisch
aufrichtig						falsch
nüchtern						genußsüchtig
gute Verbündete						schlechte Verbündete
kultiviert						primitiv
gehen gerne aus						häuslich
militärisch stark						militärisch schwach

Dieses Polaritätsprofil wurde im Rahmen eines deutschfranzösischen Schüleraustausches ausgefüllt.

Vgl. Hans-Peter Biege u. a.: Deutsch-Französischer Schüleraustausch. Erfahrungen – Bewertungen – Anregungen. Landeszentrale für politische Bildung Baden-Württemberg, Stuttgart 1986.

Aktivierende Methoden

Bildorientierte Methoden

- Bildkartei
- Bilder, die Geschichte machten
- Identifizieren, Umgang mit Bildern
- Karikaturen
- Comics
- Buttons und Aufkleber
- Plakate
- Karten
- Fotomontagen
- Collagen
- Bildvergleiche
- Titelbilder
- Umgang mit Symbolen

„Ein Bild sagt mehr als tausend Worte." Bilder sprechen vor allem die Gefühlswelt des Menschen an. Sie wirken deshalb unmittelbarer als Texte. Sie erregen Neugier, erwecken oft spontane Zustimmung oder Ablehnung.

„Bilder" können sehr vielfältig sein. Sie reichen von Werbefotografien über Comics und Karikaturen bis zu Ölgemälden. Jede Darstellungsart erfordert eigene Umgangsweisen und Methoden. Da Bilder bei der Betrachtung und Auseinandersetzung vielfältige Assoziationen auslösen können, ist es wichtig, diese aufzugreifen und zu hinterfragen. Hierzu können z. B. Kriterienkataloge hilfreich sein.

Bildorientierte Methoden bieten sich jedoch nicht nur aus didaktischen Überlegungen an, sondern auch deshalb, weil wir in einem Zeitalter der „Bilderwelten" leben. Schrift und Sprache werden zunehmend durch bild- und symbolorientierte Darstellungen abgelöst.

Bildkartei (1)

Eine Bildkartei ist eine Sammlung von Bildern aus unterschiedlichen Lebensbereichen.

Diese Bilder sind auf einen DIN-A4-Karton aufgeklebt und evtl. in einem Karteikasten untergebracht. Eine Bildkartei kann aus wenigen Motiven bestehen oder bis zu mehreren hundert Bildern umfassen.

Die Bilder können selbst fotographiert sein, sie können aber auch aus Zeitschriften übernommen werden. Bei der Zusammenstellung sollte darauf geachtet werden, daß möglichst vielfältige Motive aus vielen Bereichen des gesellschaftlichen und politischen Lebens erfaßt sind.

Die Einsatzmöglichkeiten reichen von geringer Eigenaktivität der Teilnehmerinnen und Teilnehmer bis zu weitgehender Selbstbestimmung (selbstproduziertes Material).

Bilder als persönliche Darstellungshilfe

Wird mit einem Thema direkt an die Lebensgeschichte der Schülerinnen und Schüler angeknüpft, so bietet die Bildkartei den Betrachterinnen und Betrachtern die Möglichkeit, sich von selbst ausgewählten Bildern erinnern zu lassen und mit Hilfe dieser Bilder anderen mitzuteilen, was für sie selbst wichtig und bedeutsam geworden ist. (So kann man z. B. zur Einführung in das Thema „Das Fremde" oder „Fremdenfeindlichkeit" Bilder aussuchen lassen, die stark negative oder stark positive Gefühle wecken.)

Vorstellübung „Wühltisch"

Alle Bilder der Bildkartei werden auf einem großen Tisch ausgebreitet. Die Schülerinnen und Schüler erhalten nun die Aufgabe, sich ein Bild herauszusuchen, das sie im Zusammenhang mit dem Unterrichtsthemen besonders anspricht. Alle schauen nun gleichzeitig die Bilder durch und suchen sich ihr Bild heraus. Die Schülerinnen und Schüler legen nun nacheinander ihr Bild in die Mitte des Stuhlkreises (oder heften es an die Wand) und berichten, warum sie gerade dieses Bild ausgewählt haben, was sie damit verbinden. In Anfangssituationen können die Schülerinnen und Schüler noch ihren Namen und einige biographische Daten hinzufügen. Wichtig ist die genaue Themenstellung bei der Auswahl, z. B. ein Bild, das für mich Politik symbolisiert, das meine Beziehung zur Gewalt ausdrückt usw.

Problemdarstellungen

Die Schülerinnen und Schüler wählen in Kleingruppen zu dem jeweiligen Thema passende Bilder aus. Dabei sollen sie auch begründen, warum sie diese Bilder auswählen. Die Kleingruppe wählt nun aus diesem Bestand gemeinsam einige Bilder aus, bringt sie in eine bestimmte Reihenfolge und formuliert einen passenden Text (als Untertitel) dazu. Die so erstellten kleinen Ausstellungen veranschaulichen die jeweilige Problemsicht der Gruppen.

Baumaterial für kreative Gestaltung

Durch Veränderung und Ergänzung können neue Bilder geschaffen werden. Eine Möglichkeit hierzu ist es, ausgesuchte Bilder über ein Episkop auf ein großes Papier zu projizieren und Teile davon nachzumalen. Weitere projizierte und nachgemalte Bilder ergänzen und verändern dieses Bild.
Eine andere Möglichkeit bietet sich mit Hilfe eines Kopierers an. Die Bilder können kopiert, und dann mit Hilfe von Schere und Kleber in Collagetechnik montiert und erneut kopiert werden.
Auf diese Art und Weise können Bilder verfremdet und neue Blickwinkel und Gesichtspunkte zu Themen entwickelt werden.

Assoziationen

Die Lehrerin bzw. der Lehrer wählt aus der Bildkartei einige Bilder mit Bezug zum Thema aus. Die Schülerinnen und Schüler sollen anhand der Bilder einzeln, in Gruppen oder im Plenum ihre Assoziationen nennen. Hierfür eigenen sich besonders gut Motive, die Alltagssituationen darstellen.

Geschichten erfinden

Die Kleingruppe erhält eine Reihe (15–20) von Bildern, auf denen Personen abgebildet sind. Sie haben nun die Aufgabe, eine Person auszuwählen und deren Geschichte zu erzählen. (Dies kann z. B. stark auf bestimmte Bevölkerungsgruppen bezogen sein: Nur Bilder von Frauen, nur Bilder von ausländischen Mitbürgerinnen und Mitbürgern – warum sind sie hier, was haben sie erlebt, wo arbeiten sie, wie wohnen sie …).

Kontrastbilder suchen

Zu einem vorgegebenen Bild soll ein zweites Bild gesucht werden, dessen Aussage einen Kontrast zum ersten abbildet. Da Bilder immer mehrere Assoziationen und Deutungen zulassen, können so verschiedene Aspekte eines Themas deutlich werden.

Bildkartei (2)

Bildüberschriften finden

Zu einem Bild werden verschiedene Überschriften gesucht. Die Wahrnehmung des Bildes verändert sich, je nachdem welche Deutung durch die Überschrift vorgegeben wird (z. B. zum Bild eines Nichtseßhaften: „Arbeitsscheu", „Auf der Suche nach Arbeit").

Bildvergleiche

Anhand von zwei Bildern mit dem selben Thema können Vergleiche in der Aussage gezogen – oder Kontraste gefunden werden. Dabei können formale und thematische Unterschiede, Gemeinsamkeiten, Parallelen in Form, Farbe und Aussage entdeckt werden. Kontrastierende Bilder können ausgewählt werden, um Probleme von verschiedenen Seiten zu betrachten und die Vielschichtigkeiten des Themas aufzuzeigen.

Bild des Jahres

Aus einer Sammlung von Bildern (oder von Illustrierten) sucht sich jede bzw. jeder das Bild heraus, das für sie bzw. für ihn im vergangenen oder laufenden Jahr das zentrale politische (oder kulturelle usw.) Ereignis ausdrückt. Diese Bilder können mit dem von Journalisten gewählten „Bild des Jahres" kontrastiert werden.

Impulsbilder

Impulsbilder regen zum Nachdenken an, fordern zum Reden heraus, spiegeln stark den Erfahrungshintergrund wider oder appellieren an die Gefühlswelt der Betrachtenden.
Impulsbilder sollen, wie es der Name ausdrückt, einen Impuls geben oder eine Provokation sein. Das Bild sollte auch nur diese Funktion erfüllen, um danach dem Problem und seiner Diskussion Platz einzuräumen.

Variationen

Von der Bildkartei können Dias oder einzelne Folien angefertigt werden. Dadurch ergeben sich zusätzliche Einsatzmöglichkeiten.

Vgl. J. Flothow u. a: Arbeiten mit der Bildkartei. In: Medien Praxis 4/78, S. 35 ff.
E.-G. Dieckmann: Kreative Medienarbeit im politischen Unterricht. In: Erfahrungsorientierte Methoden der politischen Bildung. Bundeszentrale für politische Bildung, Bonn 1988, S. 178–218.

Eine Bildkartei selbst erstellen

▲ Sammlung von Bildmaterial:
  eigene Fotos, Reproduktionen aus Bildbänden, Bilder aus Illustrierten.
▲ Auswahl der Bilder:
  dabei ist darauf zu achten, daß möglichst viele gesellschaftliche Bereiche (Familie, Arbeit, Umwelt) berücksichtigt und zudem unterschiedliche Erfahrungsbereiche dargestellt werden.
▲ Aufkleben der Bilder auf festen Karton (DIN-A4).
▲ Numerieren der Bilder und evtl. Überkleben mit Klarsichtfolie.
▲ Aufbewahrung der Bilder in einer entsprechenden Box.

Lernmöglichkeiten

Die Bildkartei ermöglicht selbstbestimmtes, erfahrungsbezogenes und problemorientiertes Lernen.
Selbstbestimmtes Arbeiten kann zu tieferen Einsichten in die eigene Situation führen und neue Handlungsmöglichkeiten eröffnen und gleichzeitig den kreativen Umgang mit Medien aufzeigen.
Eine Bildkartei kann helfen, Probleme zu formulieren und eigene Erfahrungen anderen mitzuteilen.

Literaturhinweis

Criegern, Axel von: Bilder interpretieren. Düsseldorf 1981.
Kunst und Unterricht, Heft 77, Februar 1983: Bildanalyse. Friedrich Verlag, Seelze.
Kunst und Unterricht, Heft 78, April 1983. Bildanalyse 2. Friedrich Verlag, Seelze.

Bildorientierte Methoden

Bildkartei
Checkliste

Illustrationen und Bilder befragen

1	**Wie wirkt das Bild auf mich?**	▲ gefällt mir ▲ weckt Interesse ▲ läßt mich kalt ▲ gefällt mir nicht ▲ ärgert mich, geht mir auf die Nerven	**Warum?**
2	**Welchen Zweck scheint das Bild auf den ersten Blick zu haben?**	▲ Lückenfüller ▲ Auflockerung ▲ Aufmerksamkeit wecken ▲ Ergänzung des Texts ▲ Erklärung des Texts	**Woraus ist das ersichtlich?**
3	**Macht das Bild Lust, den Text zu lesen?**	▲ Ja ▲ hat keinen Einfluß ▲ Nein	**Warum?** **Woran kann das liegen?**
4	**Stimmt das Bild mit dem Inhalt, der Aussage, der Atmosphäre des Textes überein?**	▲ Ja ▲ Nein ▲ Verschiebt das Bild die Aussage des Textes? ▲ Manipuliert es den Text oder den Leser?	**Was stimmt überein?** **Was paßt nicht zusammen?**
5	**Wie wäre es, wenn das Bild fehlen würde?**	▲ besser ▲ ruhiger, ausgewogener ▲ egal ▲ schade ▲ langweiliger, eintöniger	**Warum?**
6	**Nach welchem Prinzip arbeitet die Illustration?**	▲ realistische Darstellung, sie stellt Wirklichkeit dar ▲ freie, phantasievolle Darstellung ▲ graphisch/künstlerisch: wirkt durch Farben und Formen, nicht durch inhaltliche Aussagen	**Ist das Prinzip eindeutig?**
7	**Mit welcher Technik ist die Illustration erstellt worden?**	▲ Zeichnung: Bleistift/Kohle/Kreide ▲ Gemälde: Aquarell/Öl/Deckfarben ▲ graphische Techniken: Filzstift/Folien/Spritzpistole ▲ Collage: verschiedene Elemente kombiniert ▲ fotografisch: Foto/Film-/Fernsehbilder ▲ Computergrafik	**Wie paßt die Technik zum Inhalt?**
8	**Wo könnte eine solche Illustration eventuell auch noch vorkommen?**	▲ Bilderbuch/Kinderbuch ▲ Comicheft ▲ Trickfilm ▲ Werbung (Prospekte, Zeitschriften, Plakate) ▲ Zeitung ▲ Jugendzeitschrift/Jugendmagazin ▲ Tagesschau ▲ Videoclip	**Warum?** **Welche Elemente der Illustration sprechen dafür?**

Vgl. Dani Lienhard: Illustration in Lesebüchern – mehr als nur Zuckerguß. In: die neue Schulpraxis, 4/1992, S. 9.

Bildorientierte Methoden

Bilder, die Geschichte machten

Historische Ereignisse werden manchmal in Momentaufnahmen festgehalten, die symbolische Bedeutung erhalten. Dies sind dann Fotos, die um die Welt gehen. Anhand solcher Fotos können historische oder aktuelle Ereignisse nachvollzogen und präsent gemacht werden. Diese Schlüsselbilder eignen sich dabei besonders als Einstieg in ein Themenfeld.

Vorgehensweise

Das betreffende Foto wird entweder (per Kopierer) vergrößert oder auf Folie kopiert. Alle Schülerinnen und Schüler sollen das Foto gut sehen können.
Zunächst können spontane Reaktionen auf das Foto gesammelt werden. (Was fällt mir zu diesem Bild ein? Kenne ich dieses Bild? Wo habe ich es schon gesehen? Was verbinde ich damit?)
Als nächsten Schritt sollten die historisch-politischen Zusammenhänge umrissen werden, die zu der abgebildeten Situation geführt haben.
Empfehlenswert ist es, die Geschichte des Bildes (soweit wie möglich) weiter zu verfolgen.

„Zeitgeschichte ist immer auch Geschichte von Bildern. In der Fülle dieser Bilder gibt es manchmal solche, die wir alle schon einmal gesehen haben. Viele davon gingen um die Welt. Manche können wir nicht vergessen, so sehr prägen sie sich ein. Oft sagen sie mehr aus als bewegte Filme. (...)
Es sind Fotos von Menschen, die ‚einmal im Leben' Geschichte gemacht haben, mit deren Abbild ein symbolischer Augenblick des Zeitgeschehens festgehalten wurde. Es sind Bilder von außergewöhnlichen historischen Situationen, Bilder der Freude und Bilder des Schmerzes, Momentaufnahmen von Einzelschicksalen, in denen sich das Schicksal vieler anderer widerspiegelt."

Guido Knopp: Bilder, die Geschichte machten. München 1992. S. 7.
Vgl. auch Guido Knopp: Die großen Fotos des Jahrhunderts. Bilder, die Geschichte machten. München 1994.

Fotos: dpa

15–20

Bildorientierte Methoden

Bilder, die Geschichte machten
Beispiel

Foto: ap

„Auf einmal wurde geschrien: Bomben, sie werfen Bomben. Dann hörten wir ein schreckliches Heulen und gleich darauf die ersten Explosionen ... Wir hatten panische Angst. Mein Onkel schrie: ‚Alle raus, sonst verbrennen wir noch!' Und so rannten wir ins Freie und auf der Straße entlang zur Brücke.
Und da kamen die Flugzeuge noch einmal zurück und stießen auf uns nieder.
Auf einmal dachte ich, die Welt geht unter: Eine Explosion, ein Wald aus Feuer rings um uns. Wir fielen alle hin und schrien, schrien, schrien. (...)
Sie deutet auf das Foto: ‚Ganz links, das ist mein Bruder. Und rechts von mir, da läuft mein Cousin. Wir rannten und rannten, und endlich kamen wir an die Brücke, dort warteten die Reporter.'
Unter ihnen war der Fotograf Huynh Cong Ut, der das Bild seines Lebens schoß. Er erhielt dafür den Pulitzer-Preis.
‚Sie haben Wasser über uns geschüttet, und wir haben geschluckt und getrunken, und mir war heiß, so heiß.
Dann wußte ich auf einmal gar nichts mehr. Ich wurde ohnmächtig.'

Das Napalm hatte sich in ihren Rücken, in den Nacken und vor allem in den linken Arm gefressen. Kim Phuc wurde nach Saigon gebracht, in das amerikanische Coray-Hospital. (...)
Vierzehnmal haben die Ärzte ihr gesunde Haut verpflanzt, von den eigenen Beinen auf die Wunden. Doch die Narbenstränge schmerzen zwei Jahrzehnte später immer noch."

Guido Knopp: Bilder, die Geschichte machten. München 1992, S. 13 ff. Auszüge.

Fragen zum Bild
▲ Wo ist das Bild aufgenommen?
▲ In welchem historischen Kontext steht es?
▲ Wer war/en der/die Täter, wer die Opfer?
▲ Warum wurde Napalm abgeworfen?
▲ Warum war die Zivilbevölkerung betroffen?
▲ Was empfinden Sie beim Anblick des Bildes?
▲ Was würden Sie am liebsten sagen, tun ...?

Identifizieren, Umgang mit Bildern

Diese Methode ist nicht auf Faktenwissen orientiert, sondern versucht, die Schülerinnen und Schüler in Kontakt zu wirklichen oder fiktiven Personen und deren Situation zu bringen.

Das Ein- und Mitfühlen durch Identifikation mit einer dargestellten Person ermöglicht, daß die Schülerinnen und Schüler mit ihren Empfindungen und Gefühlen an dem jeweiligen Thema beteiligt sind. Dabei ist jedoch wichtig, zu sehen, daß die Empfindungen die eigenen und nicht die der dargestellten Personen sind.
Über einen solchen Zugang kann das Verständnis für bestimmte Reaktionsweisen und Handlungen geweckt und deutlich gemacht werden.
Als Bildmaterial eignen sich sowohl aktuelle Fotos, auf denen mehrere Menschen dargestellt sind (z. B. Arbeitslose vor dem Arbeitsamt, Asylbewerber in ihrer Unterkunft, Kriegsopfer ...) als auch historische Bilder und Gemälde.

Vorgehensweise

Die Schülerinnen und Schüler betrachten das Bild und suchen sich eine Person aus, die sie anspricht. Sie versuchen sich mit dieser Person zu identifizieren und beschreiben dann in Ich-Form die Gefühle, Stimmungen, Gedanken, Probleme etc., die sie in diese Person hineinlegen.

Einige Leitfragen und Wahrnehmungshilfen (die bei der Einführung benannt werden können):

▲ Betrachten Sie sich das Bild genau und suchen Sie sich eine Person aus, die sie anspricht.
▲ Versuchen Sie sich mit dieser Person zu identifizieren und beschreiben Sie dann in Ich-Form die Gefühle, Stimmungen, Gedanken, Probleme usw. die diese Person haben könnte.
▲ Schreiben Sie dies auf einen Zettel auf.

Hierzu einige Hilfen:

▲ Wer bin ich?
▲ Wie sehe ich aus?
▲ Wie fühlt sich mein Körper an?
▲ Welche Gefühle habe ich?
▲ Was denke ich gerade, an wen denke ich?
▲ Wo komme ich her? Wo gehe ich hin?
▲ Wer sind die anderen Leute neben mir? Was verbindet mich mit ihnen, was trennt mich von ihnen?
▲ Welche Erlebnisse und Ereignisse liegen hinter mir?
▲ Was geht mir durch den Kopf?
▲ Was erwartet mich, jetzt unmittelbar, morgen, in einigen Wochen?

Auswertung

Bei der Auswertung ist zu beachten, daß die beschriebenen Gefühle Empathieäußerungen der Schülerinnen und Schüler sind und nicht die realen Empfindungen der abgebildeten Personen. Zunächst sollte das Geschriebene vorgelesen, bzw. mündlich beschrieben werden. Dabei geht es nicht um eine Bewertung, sondern um eine Sammlung der verschiedenen Eindrücke. Wichtig ist auch festzuhalten, mit welcher Begründung sich die einzelnen Betrachterinnen und Betrachter „ihre" Person ausgesucht haben und warum bestimmte Stimmungen, Gedanken usw. formuliert wurden.
Interessant und hilfreich für die Teilnehmerinnen und Teilnehmer ist es, Informationen über die Entstehungsgeschichte des Bildes, dessen Hintergründe etc. zu erfahren.

Vorbereitung

▲ Es empfiehlt sich, entweder eine große Reproduktion des Bildes (evtl. auch als Dia) oder aber eine Kopie für jede Schülerin bzw. jeden Schüler parat zu haben.
▲ Die Leitfragen sollten für jede Schülerin bzw. jeden Schüler kopiert werden.

ca. 40

Literaturhinweise

Vogel, Rose u. a.: Menschen im Krieg 1914–1918. Erfahrungen mit einer Ausstellung. In: Peter Knoch (Hrsg.): Kriegsalltag. Die Rekonstruktion des Kriegsalltags als Aufgabe der historischen Forschung und Friedenserziehung. Stuttgart 1989, S. 267–308.
Knoch, Peter: Geschichte und Gestaltpädagogik – Einige experimentelle Erfahrungen. In: Uwe Uffelmann (Hrsg.): Didaktik der Geschichte. Villingen-Schwenningen 1986.

Identifizieren, Umgang mit Bildern
Beispiel

Käthe Kollwitz: Folge „Weberaufstand". Blatt 4: Weberzug. Radierung 22 x 30 cm. 1893/97.

Empfindungen von Schülerinnen

„Wohin gehen wir? Meine Last ist so schwer geworden? Ich verzehre mich vor Verzweiflung. Ungewißheit. Am meisten belastet mich die Sorge um mein Kind – und danach, danach komme ich. Zum Glück gehen wir in Gemeinschaft. Ich finde Halt. Die Männer kümmern sich um unser Wohl. Aber ich bin Mitläuferin. Mein Mann, der Vater meines Kindes wurde umgebracht. Ich kenne mein Ziel nicht mehr. Nur noch die Sorge um mein Kind hält mich. Aber ich kann bald nicht mehr, die Last wird mir zu schwer. ... Man erzählt von Hoffnung. Ein schwermütiger Traum ... ertrinkt in Hoffnungslosigkeit ..."

„Ich sitze auf dem müden Rücken meiner Mutter und bin in tiefen Träumen versunken, die mich den harten Fußmarsch vergessen lassen. Hier in meinen Träumen fühle ich mich sicher und die Wärme des Rückens meiner Mutter durchflutet mich mit dem Gefühl der Geborgenheit.

Eben noch mußte ich ein ganzes Stück des Weges selbst laufen. Neben langen Arbeiterhosen versuchte ich Schrittzuhalten. Kein Mensch sprach mit mir, keiner wollte meinen Erzählungen lauschen. Gleichmäßig schreiten sie dahin. Ernste müde Gesichter, auf breiten Schultern in dunklen Jacken gehüllt. Der leere Blick müder Augen in Richtung der Ungewißheit."

Käthe Kollwitz, Der Weberaufstand

Am 26. Februar 1893 fand in einer geschlossenen Veranstaltung der „Freien Bühne" die Uraufführung von Gerhard Hauptmanns Schauspiel „Die Weber" statt, dessen öffentliche Darbietung polizeilich verboten war. Käthe Kollwitz nahm an dieser Aufführung teil und war so stark beeindruckt, daß sie sich mit dem historischen Ereignis von 1844 auseinandersetzte. Weber in Schlesien hatten in einem Aufstand auf die Not und Verelendung ihres durch Industrialisierung niedergehenden Berufstandes aufmerksam gemacht. Käthe Kollwitz brachte mit ihrem Zyklus von sechs Blättern („Not", „Tod", „Beratung", „Weberzug", „Sturm", „Ende") das Problem in einen aktuellen politischen Zusammenhang.

Vgl. Susanne Florschütz: Käthe Kollwitz. Bonn o. J., S. 2 ff.

Karikaturen (1)

Karikaturen übertreiben. Sie heben bewußt bestimmte Aspekte eines Problems hervor, um auf diese aufmerksam zu machen. Sie zeigen dabei durch ihre Zuspitzung oft genug Hintergründe und Zusammenhänge kurz und prägnant auf.

Das Spektrum der Karikatur reicht von der sozialkritisch-politischen Pressezeichnung bis zum harmlosen gezeichneten Witz. Seit Karikaturen sozialpolitische Themen aufgreifen, wurden sie immer auch für das Volk und dessen Freiheit im Kampf gegen die Mächtigen und Unterdrücker eingesetzt. Karikatur galt und gilt immer noch als ein wichtiges Medium der Erhellung von Mißständen und der Wahrung von Menschenrechten.

Doch sind Karikaturen nicht nur Medium im Kampf des „Guten" gegen das „Böse", sondern wurden und werden natürlich auch von Herrschenden für ihre Interessen eingesetzt (wie u. a. im Nationalsozialismus deutlich wurde). Ebenso gibt es auch unpolitische, reaktionäre, rassistische und sexistische Karikaturen.

Tagespolitische Karikaturen erliegen häufig der Versuchung, mit Symptomen zu spielen, ohne die Ursachen freizulegen. Politische Sachverhalte werden auf Charaktereigenschaften von Politikern reduziert, sozioökonomische Analysen haben hier nur selten Platz.

Für das Entstehen einer Karikatur sind bestimmte gesellschaftliche Spannungen die Voraussetzung. Karikaturen über eine bestimmte Person, über bestimmte Volksgruppen oder irgendwelche Dinge und Erscheinungen sind stets provoziert worden von einem – wenn auch nicht immer äußerlich sichtbaren, so doch stets vorhandenen – Widerspruch zwischen Anspruch und Wirklichkeit.

Um eine Karikatur zu verstehen, muß deshalb die historische Situation bekannt sein oder entschleiert werden.

Was man mit Karikaturen machen kann

Stummer Impuls
Zu Beginn einer Arbeitseinheit kann eine Karikatur, die zuvor auf Folie kopiert wurde, als sogenannter stummer Impuls projiziert werden. Die Karikatur dient hier dazu, die Aufmerksamkeit auf einen bestimmten Themenbereich zu lenken.

Untertitel texten
Zum Seminarthema werden zwei Karikaturen, bei denen die Untertitel entfernt wurden, auf ein Arbeitsblatt kopiert. In Einzel- oder Partnerarbeit sollen nun Untertitel getextet werden. Die getexteten Bilder werden dann an die Wand gehängt.

Analysieren
Zu einem Thema gesammelte Karikaturen (von verschiedenen Zeichnern oder nur von einem ...) werden auf ihre Aussagen und Wirkungen untersucht. Welche Stilmittel, welche Stereotypen, welche Wortwahl usw. finden sich? Wie wird das dargestellte Problem gesehen? Entspricht dies der eigenen Sichtweise?

Zeitgeschichte nachzeichnen
Anhand verschiedener Karikaturen kann z. B. die Geschichte der Bundesrepublik ebenso nachgezeichnet werden, wie die Umwälzungen in Osteuropa oder die verschiedenen Phasen des Krieges im ehemaligen Jugoslawien.

Was zu beachten ist

Alle Einzelheiten der Karikatur müssen von allen Schülerinnen und Schülern gut wahrgenommen werden können. Deshalb muß die Karikatur entweder für alle kopiert werden, oder aber als Folie oder Dia projiziert werden.

Hinweis:

Die größte Sammlung politischer Karikaturen in Deutschland befindet sich im Pressearchiv des Deutschen Bundestages.

Literaturhinweise

Demm, Eberhard: Der Erste Weltkrieg in der internationalen Karikatur. Hannover 1988.

epd-Entwicklungspolitik 22/91, Schwerpunkt: Karikatur am lateinamerikanischen Vorbild.

epd Dritte Welt Information 5/6/1993: Süd-Ansichten. Karikaturen aus der Dritten Welt in der Bildungsarbeit.

Hollweck, Ludwig: Karikaturen. Von den Fliegenden Blättern zum Simplicissimus. 1844 bis 1914. Herrsching o. J.

Marienfeld, Wolfgang: Die Geschichte des Deutschlandproblems im Spiegel der politischen Karikatur. Bundeszentrale für politische Bildung, Bonn 1989.

Krüger, Herbert / Werner Krüger: Geschichte in Karikaturen. Von 1848 bis zur Gegenwart. Stuttgart 1981.

Israel & Palästina, Extranummer August 1992: Feindbilder. Arabische und deutsche Karikaturen zum Zweiten Golfkrieg.

Politik und Unterricht Nr. 3/91: Osteuropa im Umbruch. Plakate, Fotos, Karikaturen. Landeszentrale für politische Bildung Baden Württemberg.

Bildorientierte Methoden

Karikaturen (2)

Stilmittel der Karikatur

▲ Übertreibung
(sie gibt einer Sache das plastische Gepräge).
▲ Paradoxie
(verblüffender Widerspruch gegen allgemein angenommene Meinungen).
▲ Ironie
(Bloßstellung von etwas für verkehrt Gehaltenem).
▲ Situationskomik
(Darstellung von Menschen in einer ungewöhnlichen, lächerlich wirkenden Lage).
▲ Charakterkomik
(überdeutliches Herausstellen einer bestimmten Eigenschaft einer Person).
▲ Parodie
(Anwendung der Form eines Vorbildes auf einen neuen, oft unpassenden Inhalt).
▲ Witz
(geistreiche Verbildlichung).
▲ Individuation
(Darstellung eines Allgemeinen an einem kleinen konkreten Einzelnen).
▲ Humor
(heiter-distanziertes Über-den-Sachen-Stehen).
▲ Sarkasmus
(bittere Verspottung, scharfe Verhöhnung).

Ein wesentliches Element der Komposition von Karikaturen ist die Verwendung der stets gleichen Basiselemente, jedoch in immer neuen Zusammenhängen. Die Karikatur ist so ein Kompromiß zwischen dem Bedarf an neuen Eindrücken und der Notwendigkeit, erkennbare Figuren immer wieder zu verwenden, damit der Leser die Situation rasch erkennen kann.

Problembereiche beim Benutzen von Karikaturen

▲ Wichtig ist die Dosierung und abwechslungsreiche Plazierung der Karikatur. Zuviele Karikaturen zerstören ihren Anreiz.
▲ Die in Karikaturen enthaltenen Zuspitzungen und Verkürzungen können auch zur Bestätigung von Vorurteilen führen.
▲ Karikaturen sind im Bereich der Kritik angesiedelt. Das Bemühen um Alternativen darf jedoch nicht vergessen werden.

Vgl. Herbert Krüger / Werner Krüger: Geschichte in Karikaturen. Von 1848 bis zur Gegenwart. Stuttgart 1981.

Karikatur als Waffe?

epd-Entwicklungspolitik:
Die Karikatur ist also für dich eine Waffe?

Guillo:
Nein, ich glaube nicht, daß der Pinsel eine Waffe ist. Waffen sind dazu da, um Menschen zu töten. Ich glaube, daß der Humor dazu dient, daß sich die Menschen besser verstehen. Ich kann ironisch sein, einen Diktator lächerlich machen – aber nicht, um alle zu zerstören, die diesen Diktator unterstützen, sondern damit sie kapieren, daß sie eine Dummheit unterstützten. Ich bin nicht dafür, den anderen zu eliminieren. Wenn du also ein Bild machst, auf dem ein kleiner Zwerg auf einen großen Stuhl klettert, dann ist das natürlich kein Witz, kein „Gag", aber es zeigt, daß dieser Typ illegitim in seinem Amt ist, daß der Stuhl zu groß für ihn ist, für einen anderen gedacht. Dieser Zwerg hat kein Recht darauf. (...)

epd-Entwicklungspolitik:
Was bewirkt eine Karikatur?

Guillo:
Wenn eine Karikatur gut ankommt, dann liegt das daran, daß du mit dem Publikum perfekt harmonierst. Das Publikum spürt eine Atmosphäre, hat ein Gefühl zu einer Sache, die passiert ist – und deine Aufgabe ist es, das sichtbar zu machen, das in eine Synthese zu fassen und es dem Publikum vorzuführen. Du lehrst das Publikum nichts Neues. Du öffnest ihnen nicht die Augen. Nein, es ist etwas, das man fühlt. Wenn die Leute ein Bild von dir loben, dann deshalb, weil sie genau dasselbe fühlen, weil sie sagen: Ja, so ist es.

epd-Entwicklungspolitik:
Heißt das, die Karikatur ist etwas, was die Leute schon wissen?

Guillo:
Nein, sie wissen es nicht. Es ist eine mehr irrationale Sache, mehr auf der Ebene des Gefühls. Die Leute haben das nicht systematisiert, nicht bewußt. Du bewirkst, daß sie (ein-)sehen, was sie (an-)sehen. Sie fühlen, daß irgendetwas faul ist im Lande, und du zeigst ihnen: das ist es. Deine Zeichnung deutet eine Stimmung, eine Atmosphäre.

Guillo ist Karikaturist und lebt in Chile. epd-Entwicklungspolitik, 22/91, S. 30 f.

Karikaturen
Arbeitsmaterial

Formulieren Sie zu den beiden Karikaturen je einen eigenen Text als Untertitel

Hanel, Rheinischer Merkur

Jupp Wolter

Bildorientierte Methoden

Karikaturen Analyseraster

Analyse-Bereich	Leitfragen
Aussage (Was?)	Was sieht man? Welches Problem/Ereignis ist dargestellt? Welche Personen sind zu erkennen? In welchen Lebenssituationen? Welcher Widerspruch wird aufgedeckt?
Stil (Wie?)	Was fällt besonders auf? Welche Mittel verwendet der Karikaturist? Auf welche Weise spricht er uns an? Wie werden Personen dargestellt? Welche Typisierungen werden verwendet?
Sender (Wer?)	Wer hat die Karikatur gezeichnet? In wessen Diensten? Was ist über den Karikaturisten bzw. seinen Auftraggeber bekannt? Welche Ziele verfolgt der Karikaturist? Welche bzw. wessen Partei ergreift er?
Zeit/Ort (Wann?)	Wann ist die Karikatur entstanden? Wo ist sie entstanden? Was wissen wir aus anderen Quellen über diese Zeit?
Intention (Warum?)	Was will der Karikaturist erreichen? Wen (was) greift er an und warum tut er das?
Wirkung (Welche?)	Welche Emotionen löst die Karikatur aus? Wie wirkt die Karikatur ▲ auf die Zeitgenossen (Zielgruppen – Gegner – Nichtbetroffene)? ▲ auf uns? ▲ auf andere?
Weg (Kanal)?	▲ Wie wird die Karikatur verbreitet (Zeitung, Flugblatt, Fernsehen usw.)? ▲ Wem gehört das Kommunikationsmittel? ▲ Wer entscheidet über die Plazierung der Karikatur?

H. Uppendahl: Die Karikatur im historisch-politischen Unterricht. Freiburg/Würzburg 1978.

Comics (1)

Comics sind Einzelbilder, die aneinandergefügt werden, um eine Handlung wiederzugeben. Dabei werden nur einige bedeutsame Momente der Handlung dargestellt, der Rest spielt sich in der Phantasie der Lesenden ab. Sie geben der Handlung in ihrer Phantasie Bewegung und Kontinuität.

Die Bildfolgen können ohne oder mit Text (Sprechblasen oder Untertitel) sein.

Während bei uns der Comic als Unterhaltungsprodukt seinen Siegeszug angetreten hat, wird er in anderen Ländern (z. B. Lateinamerika) systematisch auch für die Volkserziehung und Alphabetisierung eingesetzt.

Kurze Bildfolgen können zur Illustration, als Einstieg etc. verwendet werden, besonders dann, wenn sie eine grundlegende Einsicht vermitteln, wie z. B. die „Esels"-Szene.

Möglichkeiten des Umgangs

Comics als Aufhänger
Die Sachaussagen, Fragen, Schwierigkeiten, die in Comics dargestellt werden, können unmittelbar als Aufhänger für das Thema benützt werden. Dabei kann auch überlegt werden, welche Aspekte des Themas hier angesprochen werden, welche fehlen usw.

Einzelbilder betexten
Aus einem Comic (Asterix, Mickey Mouse …) wird ein aussagekräftiges Einzelbild herausgeschnitten und kopiert. Dieses Bild soll mit einem treffenden Text in der Sprechblase oder im Untertitel versehen werden. Die Figur kann auch unmittelbar zum Thema befragt werden nach dem Motto: „Was würde Onkel Dagobert dazu sagen …".

Bildfolgen betexten
Statt eines Einzelbildes wird eine ganze Bildfolge kopiert, die Sprechblasen gelöscht und als Einzel- oder Gruppenarbeit neu betextet.

Bildfolgen neu zusammenstellen
In Gruppenarbeit kann ein neuer Comic gebastelt werden, indem Bilder aus mehreren Heften kopiert und neu montiert und betextet werden.

Texte isolieren
Die Texte des Comics sollen ohne Bilder als Prosa hintereinander geschrieben werden. Dadurch ergeben sich interessante Darstellungen.

Ins Gegenteil verkehren
Die Aussagen des Comcis werden durch neu formulierte Texte ins Gegenteil verkehrt.

Infocomics zur Sachinformation
Zu einer Reihe von Themen sind sog. Sachcomics erschienen, die grundlegende Informationen in Comicform darbieten. Dies kann als Einstieg in ein Sachthema sehr reizvoll sein.

Comics analysieren
Mit Hilfe des Analyserasters (oder eigener Kriterien) können Comics auch auf ihre Darstellungsformen, Inhalte, Charakterisierung der Figuren usw. analysiert werden. Solche Untersuchungen können auch der Frage nachgehen, wie Eigentum, Menschenrechte, Demokratie, Fremde, Frauen usw. dargestellt werden.

Die Welt als Comic
Wenn die Welt in einer Comicserie dargestellt werden sollte, welche Serie würden Sie dann auswählen? Welche Comicfigur würden Sie welchem Politiker zuschreiben? Welche Figur würden Sie verkörpern, welche würden Sie sich wünschen? Solche Vergleiche sind nicht nur unterhaltsam, sondern vermitteln eine ganze Menge Informationen über mögliche Sichtweisen und Interpretation der Welt.

Achtung

Die Arbeit mit Comics soll natürlich themenbezogen sein. D. h. die oben beschriebenen Möglichkeiten sollen z. B. für die Bereiche „Umgang mit Frauen", „Mitbestimmung" usw. zugespitzt werden.

Comics (2)

Materialien

▲ Wichtig ist es, daß die entsprechenden Arbeitsblätter (Comicvorlagen usw.) in ausreichender Anzahl vorhanden sind.
▲ Scheren, Klebstoff, leeres Papier, Stifte usw.
▲ Steht ein Kopierer zur Verfügung, so können problemlos neue Comics montiert werden.
▲ Bilder, die in einen Computer eingescannt werden, können dort zu einem Comic zusammengebaut werden.

Vorgehensweise

▲ Es empfiehlt sich, die Arbeit mit Comics in Kleingruppen durchführen zu lassen.
▲ Alle Gruppen bekommen das gleiche Material und die gleiche Aufgabenstellung. So können die Ergebnisse am besten verglichen werden.

Die Comicleserinnen und -leser

„Erhebliche Probleme wirft nach wie vor die soziale und geschlechtsspezifische Schichtung der Comicleserschaft auf. Zu 90 Prozent ist es ein männliches Medium; die weiblichen Käuferschichten blieben aus – wohl auch deshalb, weil sich bisher kaum Zeichnerinnen und Szenaristinnen des Comic als künstlerischer Ausdrucksform angenommen haben.

Zudem besteht Nachwuchsmangel bzw. eine Lücke bei der kaufkräftigen Altersgruppe zwischen 15 bis 35 Jahren. Es werden zwar ca. 47 Prozent der neuen Comics explizit für Kinder und Jugendliche geschrieben (bei einem Anteil von 53 Prozent für Erwachsene), also besteht scheinbar ein ausgewogenes Verhältnis, aber gekauft wird das Material – teils aus Nostalgie – vorwiegend von den über 35jährigen.

Das hängt zum einen mit den relativ teuren Erstehungskosten zusammen, zum anderen resultiert die Lücke in der Käuferschicht aus veränderten Konsumgewohnheiten. Die Konkurrenz von Video, Musik, Film, TV und anderem im Unterhaltungs- und Freizeitbereich macht sich hier für die Comicanbieter negativ bemerkbar."

Gerald Munier: Von Gewalt bis Umweltschutz – Der Comic als politisches Medium. In: Das Parlament, Nr. 36, 28. August 1992, S. 22 f.

Infocomics

Art Spiegelman: Maus – Die Geschichte eines Überlebenden. Reinbek 1989.
Calvo & Dancette: Die Bestie ist tot. Der Zweite Weltkrieg bei den Tieren. Dreieich 1977.
Claudius: Und also sprach Malachias, der Prophet. Stein/Nürnberg 1975.
Friedemann Bedürftig / Dieter Kalenbach: Hitler, Bd. 1 und 2. Hamburg 1989.
Jerry Siegel / Joe Shuster: Superman gegen die Nazis. Ludwigshafen 1986.
Günter Rückert: Das Karbidkommando – Edelweißpiraten gegen Miesmolche. Dortmund 1987.
Paul Gillon / Patrick Cothias: Der Schrei nach Leben. Hamburg 1988, 2 Bde.
Jon S. Jonsson u. a.: Die verlorene Zukunft. Hamburg 1992.
Mafalda, Frankfurt 1988.
Milo Manara u. a.: Die Menschenrechte. Hamburg 1992.
Martin Pfaender: 120 Tonnen Mauer aus Berlin. Mannheim 1992.

Literaturhinweise

Acevedo, Juan: Wie man Comix macht. München 1985.
Greiner, Rudolf: Comics. Arbeitstexte für den Unterricht. Stuttgart 1977.
Havas, Harald A. / Habarta, Gerhard: Comic Welten. Wien 1993.
Kaps, Joachim (Hrsg.): Comic Almanach 1992. Erlangen 1992.
Munier, Gerald: Der schwarze Kontinent im Comic. Kannibalen und Exotik: Europa auf dem Seelentrip nach Afrika. In: Das Parlament. Nr. 38–39 v. 17./24. 9. 1993.

Comics
Analyseraster

Comics können natürlich auch auf ihre (unterschwelligen) Weltbilder, ihren Informationsgehalt und die Darstellungsweise von bestimmten Themen untersucht werden.

- Haben die Figuren einen inneren Zusammenhang? Was denken, fühlen und tun sie?
- Welche Charaktere verkörpern die Figuren?
- Wie sind Männer, wie Frauen dargestellt?
- Welche Rolle spielen andere, z. B. Fremde, Behinderte usw.?
- Welche Rolle spielt Gewalt?
- Wie wird mit der Verletzung von Normen und Werten umgegangen?
- Welche Grundwerte sind erkennbar?
- Was haben die Figuren und Geschichten mit unserer Wirklichkeit zu tun?
- Wie ist die Darstellungsweise der verschiedenen Charaktere?
- Welche Formen der Perspektive werden wann angewendet, welche Funktionen haben diese Perspektiven (Detail, Vogelperspektive, Froschperspektive, Untersicht etc.)?
- Wie sind die Texte formuliert? Welche Worte und Laute werden verwendet? Was wird ausgesagt?
- Was ist der Inhalt der Handlung? Gibt es einen Spannungsbogen? Gibt es eine Handlungszeit und einen Handlungsort?
- Wer sind die Akteurinnen und Akteure (Zahl, Alter, Geschlecht, Rasse, soziales Umfeld?)
- Wie ist die Mimik und Gestik der dargestellten Typen?
- Welches sind die Antriebskräfte der Handlung (Zufall, Glück, Arbeit, Kraft, Macht ...)?
- Woher kommt das Gute und das Böse?
- Woher rühren die immerwährenden Auseinandersetzungen, Konflikte und Kämpfe?
- Welche Schrifttypen werden verwendet, wie wirken diese?
- Was möchte die Geschichte bei den Leserinnen und Lesern bewirken?
- Welche Ängste, Spannungen und Hoffnungen werden in den einzelnen Comics stimuliert?
- Welche Klischees, Mythen und Stereotypen werden vermittelt?
- Welche Wirkungen könnten die vermittelten Weltbilder auf die Leserinnen und Leser haben?

Vgl. R. Greiner: Comics. Arbeitstexte für den Unterricht. Stuttgart 1977.

Bildorientierte Methoden

Buttons und Aufkleber

Die Aussagen von Buttons und Aufklebern sind häufig Kurzformeln für bestimmte Weltanschauungen oder auch Ausdruck von Interessen und Meinungen. Sie können jedoch auch einfach dazu dienen, auf ein bestimmtes Problem aufmerksam zu machen oder andere zu provozieren.

Das eigene Gestalten von Buttons und/oder Aufklebern kann so dazu beitragen, die eigene Meinung und Überzeugung kurz und prägnant zu formulieren. Dies kann als ein Einstieg in eine vertiefende Auseinandersetzung, die eine Begründung der „Kurzformel" notwendig macht, führen.

Themen

Buttons und Aufkleber können praktisch zu jedem Thema des Politikunterrichts angefertigt werden:
▲ gegen oder für die weitere Reduzierung der Bundeswehr;
▲ gegen Gewalt im Alltag;
▲ gegen den Bau einer bestimmten Autobahn;
▲ für kleine Schulklassen;
▲ für die Einführung einer einheitlichen europäischen Währung;

Neben solchen „Für und Wider"-Aussagen können Buttons auch für Kurzformulierungen von Entwicklungen verwendet werden, z. B.
▲ Charakterisieren Sie die ökologische Situation der Erde.
▲ Mit welchem Aufkleber würden Sie die Situation der Menschenrechte in der BRD kennzeichnen?
▲ Drücken Sie Ihre Einschätzung zur Europäischen Union durch einen Button aus.

Sammlungen

Neben der eigenen Produktion von Buttons und Aufklebern eignet sich natürlich auch das Sammeln, Sichten und Auswerten gut dazu, einen Überblick über die öffentliche Darstellung eines Themas zu erhalten.

Produktion

Eine Anleitung zur Produktion von Buttons und Aufklebern könnte z. B. sein:
„Stellen Sie Buttons oder Aufkleber her, mit denen Sie auf den Bereich Ausländerfeindlichkeit aufmerksam machen wollen.
Die Aussagen müssen kurz und prägnant sein und sie sollen gut aussehen und gut lesbar sein. Es steht nur wenig Platz zur Verfügung."

Sinnvoll ist es, neben einer Schreibmaschine auch Klebebuchstaben zur Verfügung zu stellen, sowie verschiedenes Bildmaterial, das ausgeschlachtet werden kann. Sehr hilfreich ist auch ein Kopierer. Noch einfacher können Buttons mit Hilfe eines Computers entworfen werden.

Fragen zur Weiterarbeit

▲ Welche ausführlichen Argumente stehen hinter der Kurzformel?
▲ Wer (welche Personen und Gruppen) vertreten diese Meinungen und Argumente?
▲ Wie lautet die „Gegenparole" (z. B. „Atomkraft – Nein danke" – „Steinzeit – Nein danke"). Von wem wird diese vertreten?
▲ Wie wird (bei bekannten Buttons) in der Öffentlichkeit darauf reagiert?

Materialien

▲ Papier oder leichter Karton.
▲ Buntstifte.
▲ Vorgefertigte Buttonformen (oder eine Kopie des Arbeitsblattes).
▲ Wenn vorhanden: eine Buttonmaschine.

30–40

Bildorientierte Methoden

Buttons und Aufkleber
Arbeitsmaterial

Text-puzzles:

für
gegen
raus
rein
Achtung
für alle
nie
mach mit
pro
contra
stinken nicht
und trotzdem
autofrei
alle sind
keiner ist
nur das
keine Chance
gemeinsam
für Kinder
für Frauen
für Männer
bald
schon immer
anders
bleibt so
nach uns
besser als
so schlecht wie
wir wollen
ihr könnt
zuliebe
ätsch
statt
als hättet ihr
haften
einwerfen
brennt
cool
stoppen
gleich heute
tschüs
möglich
denk dran
vernetzt
aufwärts
registriert
stell dir vor
sehr dunkel
katapultiert
verschlingen

Bildorientierte Methoden

Plakate (1)

Plakate sollen Blicke anziehen. Die Aufmerksamkeit kann mit Signalfarben oder mit einprägsamen Schlagworten erregt werden. Die Betrachter sollen zum Nach- und Umdenken angeregt werden. Komplexe Probleme müssen vereinfacht oder verfremdet werden, denn Plakate sollen Betroffenheit auslösen und zum Handeln aufrufen.

Symbole wie der Stempel („Abgestempelt"), Brücken („Baut Brücken") oder Wortspiele ermöglichen Assoziationen und motivieren Betrachterinnen und Betrachter, Probleme zu erkennen. Thesen, die ein Ursachen-Ergebnis-Geflecht darstellen, regen zu kontroversen Diskussionen und Lösungsansätzen an. Kleinigkeiten können große Wirkung haben.

Was man mit Plakaten alles machen kann

Plakate analysieren
Plakate werden zu nahezu allen politischen und gesellschaftlichen Anlässen produziert und plakatiert. Sei es als Werbeträger für Produkte oder politische Parteien, als Sympathieträger für bestimmte Aussagen oder als ironisch-verfremdete Hinweise von Künstlern und Basisgruppen. Plakate zu einem Thema können zusammengetragen und auf ihre Aussagen hin analysiert werden (siehe Checkliste).

Plakate selbst gestalten
In Partner- oder Gruppenarbeit können zu einem Thema Plakate gestaltet werden. Die Gestaltung kann völlig offen sein, oder aber auch durch die Begrenzung der Stilmittel (nur Schriftplakat, nur Schwarz-Weiß-Plakat usw.) eingegrenzt werden.

Plakate als Auswertung
Gegen Ende einer Unterrichtsreihe kann z. B. die Aufgabe gestellt werden, ein Plakat zu gestalten, das die wesentlichen Aussagen aus der Sicht der Schülerinnen und Schüler deutlich macht. Wichtig ist, eine Zielgruppe anzugeben, an die sich das Plakat wendet, sowie einen Ort zu bestimmen, an dem es aufgehängt werden könnte (z. B. für Jugendliche, in einem Jugendfreizeitheim; für Eltern in einer Kindertagesstätte usw.).
Als Arbeitsmaterial empfiehlt es sich, den Gruppen jeweils einen Satz Kopien von themenbezogenen Bildern zur Verfügung zu stellen.

Plakate umgestalten / verfremden
Ausgehend von bestehenden Plakaten können diese in ihrer Aussage umgestaltet oder verfremdet werden. Dabei können z. B. durch Montage neue Elemente eingefügt oder Textteile verändert werden. Die Aussage kann auch ins Gegenteil verkehrt werden.

Plakatwettbewerb
Die Erstellung und Gestaltung von Plakaten kann über die eigentliche Seminararbeit hinausgehen und in Form eines Wettbewerbs ausgeschrieben werden.

Plakatausstellung
Selbst erstellte oder gesammelte Plakate zu einem Themenbereich können als kleine Ausstellung (evtl. mit begleitenden Texten) präsentiert werden.

Anschlagfläche gestalten
Eine besondere Art der Plakat(wand)gestaltung ist die großflächige Gestaltung einer angemieteten Plakatfläche zu einem Thema. So haben z. B. zahlreiche Jugendinitiativen Plakatflächen mit Wandbildern gegen Ausländerfeindlichkeit bemalt.

Das Plakat
▲ hat 1 Idee (nicht 2),
▲ einen pfiffigen Spruch,
▲ ist spannend gestaltet
▲ und muß vom Autofahrer an der Ampel begriffen werden.

Landeszentrale für politische Bildung Baden-Württemberg (Hrsg.): Schülerwettbewerb. Tips für die Teilnahme. Stuttgart o. J., S. 10 f.

Arbeitsmaterialien

▲ DIN-A1-Blätter (oder) leichter Karton.
▲ Farbiges Papier in unterschiedlicher Größe und Form (Quadrate, Rechtecke, Kreise usw.).
▲ Scheren.
▲ Klebstoff.
▲ Wachsmalkreiden.
▲ Bildvorlagen als Kopien.
▲ Evtl. themenbezogene Plakate.

Vgl. Landeszentrale für politische Bildung Baden-Württemberg (Hrsg.): Schülerwettbewerb des Landtags von Baden-Württemberg zur Förderung der politischen Bildung. Laßt Plakate sprechen. Baut Brücken – Chancen und Probleme friedlichen Zusammenlebens aus Schülersicht. Stuttgart o. J. Staeck, Klaus: Sand für's Getriebe. Göttingen 1989.

Plakate (2)

Was macht ein Plakat zu einem guten Plakat?

▲ Ein Plakat ist ein gutes Plakat, wenn es überhaupt ein Plakat ist. D. h. weder eine Anzeige, noch ein Prospekttitel, noch ein Gemälde etc., sondern ein Medium, das spezifischen Seh-Situationen, Seh-Gewohnheiten genügt.

▲ Ein Plakat ist ein gutes Plakat, wenn es vor allem ein Kommunikationsmittel ist. D. h. weder nur ein Meditationsbild, noch nur ein Bilderrätsel. Ein Plakat versucht durch eindeutige Aussagen, bei einer genau definierten Zielgruppe klar formulierte Ziele zu erreichen.

▲ Ein Plakat ist ein gutes Plakat, wenn es schließlich auch ein gutes Kommunikationsmittel ist. D. h. ehrlich in der Aussage, ungekünstelt, nicht anbiedernd, widerspruchsvoll, offen, mutig, aktuell etc.)

▲ Ein Plakat ist ein gutes Plakat, wenn es sich an zeitgemäßen Design-Standards orientiert, diese jedoch zugleich überbietet.

Das gute Plakat ist außerdem nicht das Ergebnis eines kreativen Anfalls, sondern einer durchdachten Konzeption.

Vgl. Gisela Brackert: Plakate beurteilen. In: Medien praktisch, 1/92, S. 23 ff.

Literaturhinweise

Diederich, Reiner u. a. (Hrsg).: Plakate gegen den Krieg. Weinheim 1983.

Wasmund, Klaus: Politische Plakate aus dem Nachkriegsdeutschland. Zwischen Kapitulation und Staatsgründung. 1945–1949. Frankfurt/M. 1986.

Erfahrungsbericht: Ein Plakat gestalten

Im Rahmen einer Fortbildungstagung für Erzieherinnen zum Themenbereich „Gewalt in der Spielzeugwelt" wurde in der Schlußphase die Aufgabe gestellt, ein Plakat zu gestalten, das im Kindergarten aufgehängt werden kann und die Eltern über ausgewählte Aspekte des Themas informiert.

Es wurden drei Kleingruppen mit je 6 bis 7 Teilnehmerinnen gebildet. Als Material bekamen die Kleingruppen jeweils den gleichen Satz von ca. 40 kopierten (und z. T. vergrößerten) Bildern aus Spielzeugkatalogen, Werbeprospekten usw. sowie einen Plakatkarton in der Größe DIN-A1, farbiges Tonpapier, Scheren und Klebstoff.

Die Teilnehmerinnen in den Gruppen mußten sich zunächst auf die Grundaussagen des Plakates einigen und diese dann versuchen zu visualisieren. Ausgangspunkt war dabei in allen Gruppen das Bildmaterial, das zuerst durchgesehen und aussortiert wurde. Zu diesen ausgewählten Bildern wurden dann Aussagen bzw. Fragen formuliert. So wählte z. B. eine Gruppe das Bild eines Jungen, der mit einer Pistole und das eines Mädchens, das mit einer Guillotine spielt, aus und formulierte darunter: „Wollen Sie, daß Ihre Kinder so spielen?".

Eine andere Gruppe hatte als Blickfang das Gesicht eines Jungen mit der Sprechblase „Alle Jahre wieder ..." ausgewählt. Darunter befand sich eine mit Papier gestaltete geschlossene Tür, die mit Sternen und Weihnachtskerzen verziert war. Diese Tür konnte aufgeklappt werden und dahinter war dann die ganze Bandbreite des Angebotes an Gewaltspielzeug zu sehen.

Durch die Gestaltung eines Plakates wurden die Teilnehmerinnen gezwungen, konkrete Aussagen zu dem Themenbereich zu machen, die Eltern sensibilisieren bzw. zum Nachdenken anregen sollen. Damit war gleichzeitig der Transfer des Themas in die Arbeit vor Ort konkret formuliert. Die Plakate wurden von den Teilnehmerinnen mit in ihren Kindergarten genommen.

Bildorientierte Methoden

Plakate
Checkliste zur Beurteilung

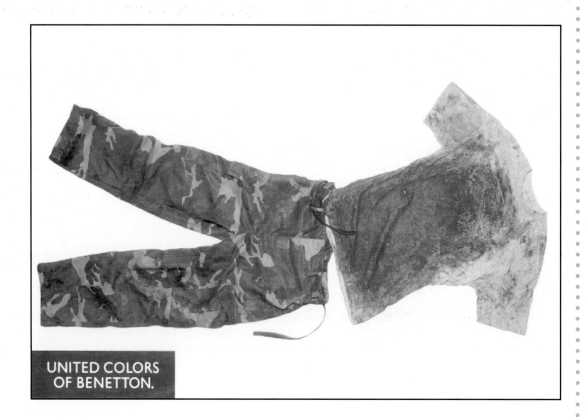

Gestaltung

▲ Übersichtlichkeit
▲ Einprägsamkeit
▲ Verständlichkeit
▲ Originalität
▲ Künstlerischer Gesamteindruck

Konzeption

▲ Wie deutlich ist die Botschaft auf ein erkennbares Kommunikationsziel bezogen?
▲ Wie deutlich sind Botschaft und Kommunikationsziel auf eine Zielgruppe bezogen?
▲ Überzeugt die gestalterische Umsetzung im Blick auf Kommunikationsziel und Zielgruppe?
▲ Aktualisieren die Gestaltungsmittel die Botschaft?
▲ Kann das Plakat die Botschaft auch öffentlich verdeutlichen?

Wirkung

▲ Glaubwürdigkeit
▲ Identifikationsmöglichkeit für Betrachterinnen und Betrachter
▲ Überzeugungskraft im Sinne von Handlungsmotivation und Einstellungsänderung
▲ Positive Imagewirkung für den Absender
▲ Aufmerksamkeitswert des Plakats im Wettbewerb mit andereren Botschaften.

Verbreitung

▲ Von wem wurde das Plakat in Auftrag gegeben, hergestellt und verbreitet?
▲ Wo ist das Plakat überall zu finden?
▲ An welche speziellen Zielgruppen wendet es sich?
▲ Gibt es spezielle Reaktionen auf das Plakat?

Subjektives Erleben

▲ Würden Sie das Plakat in Ihr Zimmer hängen?
▲ Wo würden Sie das Plakat aufhängen?
▲ Wem würden Sie das Plakat gerne schenken?
▲ An wen oder was erinnert Sie das Plakat?
▲ Welche Gestaltungselemente sprechen Sie besonders an? Welche stoßen Sie ab?
▲ Welche „Gegenaussage" provoziert das Plakat bei Ihnen?

Vgl. Gisela Brackert: Plakate beurteilen. In: medien praktisch, 1/79, S. 23 ff.

Karten (1)

Karten prägen Weltbilder. Ihre Gestaltung bestimmt mit, für wie wichtig wir bestimmte Regionen, Gebiete und Länder halten und welchen Status wir dem eigenen Land zubilligen.

Ein grundlegendes Problem der Weltdarstellung ist die zwangsläufige Verzerrung, die eintritt, wenn die dreidimensionale Kugelfäche der Erde in die zweidimensionale Karte übertragen wird. Doch dieses Problem wird nur selten ausgewiesen.
Ein weiterer Aspekt der herkömmlichen Kartenbilder ist die vom visuellen Eindruck her naheliegende Verknüpfung des politischen Gewichts eines Landes mit seiner flächenmäßigen Ausdehnung. Desweiteren ist eine eurozentristische Darstellung, die Europa im Zentrum der Welt zeigt, in den meisten Kartendarstellungen üblich.

Politische Bildung hat viel mit Weltbildern zu tun. Weltbilder sind auch (geografische) Bilder in unseren Köpfen. Der Umgang mit Karten kann diese veranschaulichen und korrigieren.
Es geht dabei nicht um das Abfragen von geografischen Kenntnissen, sondern um die gemeinsame Erarbeitung von Zusammenhängen. Deshalb ist es wichtig, daß der Umgang mit Karten gemeinsam i. d. R. in Kleingruppen oder in der Klasse geschieht.

Karten selbst zeichnen

Wer es schon einmal versucht hat, wird feststellen, wie schwer es ist, die Umrisse eines Landes oder Kontinents aufzuzeichnen bzw. Ländergruppen richtig zuzuordnen.
Als Partner- oder Gruppenarbeit kann es aber viel Spaß machen und zudem die Lücken des eigenen „Weltbildes" aufzeigen.

Subjektive Karten

Die Schülerinnen und Schüler zeichnen ihre persönliche Deutschland- (oder Welt-) Karte. Dabei geht es nicht um objektive Richtigkeit, sondern um subjektive Wichtigkeit. Die Orte, Regionen, Flüsse und Grenzen, die mit persönlichen Erinnerungen und Erlebnissen verbunden sind, tauchen dabei auf.

Stumme Weltkarte bezeichnen

Eine „stumme Weltkarte", also eine Karte, die nur Umrisse zeigt und nicht beschriftet ist, wird in Partner- oder Gruppenarbeit beschriftet. Hierbei können alle zum Thema gehörigen Aspekte einbezogen werden. Z. B. die reichsten und die

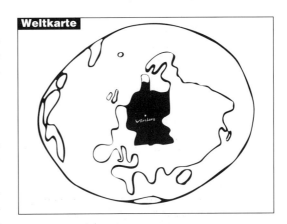

Weltkarte

ärmsten Länder, die Empfängerländer bundesdeutscher Entwicklungshilfe, Länder, die Atomkraftwerke betreiben etc.
Machtzentren und Randgebiete können deutlich gemacht werden.

Karten mit Daten füllen

Die Deutschlandkarte oder die Karte eines Bundeslandes oder Kreises kann mit Daten gefüllt werden, um so bestimmte Aussagen zu illustrieren. Z. B.:

▲ Die Absturzstellen von Militärflugzeugen der letzten Jahre in eine Karte eintragen;
▲ Ehemalige Konzentrationslager und Arbeitslager kontrastieren mit Gedenkstätten und Gedenktafeln von Verfolgten des Naziregimes;
▲ Arbeitslosenraten in den einzelnen Bundesländern, Landkreisen etc.;
▲ Militärische Liegenschaften;
▲ Standorte von Kernkraftwerken, Müllverbrennungsanlagen usw.;
▲ Übergriffe auf Ausländerwohnheime usw.;
▲ Ethnische Minderheiten.

Quartierkarten

Auf einem Stadtplan werden alle historisch und aktuell wichtigen Orte mit einer knappen Beschreibung eingetragen. Diese Quartierkarten können ganz verschiedene Perspektiven haben, z. B.:

▲ als Stadtführer für Rollstuhlfahrerinnen und Rollstuhlfahrer wird er vermerken müssen, wo hohe Bordsteinkanten sind, wie breit die Türen zu bestimmten Ämtern sind und ob sich dort Rollstuhlrampen befinden etc.;
▲ als Führer für neueingetroffene ausländische Mitbürgerinnen und Mitbürger wird er die wichtigsten Anlaufadressen, Behörden, Einkaufsmöglichkeiten usw. erfassen;

Bildorientierte Methoden

Karten (2)

Deutschlandkarte

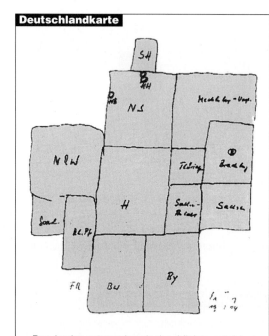

Der baden-württembergische Ministerpräsident Erwin Teufel zeichnete für die Süddeutsche Zeitung spontan diese Landkarte der neuen Bundesrepublik.

Der Spiegel 22/1995, S. 232.

▲ als alternativer Stadtführer wird er „Vergessenes" aus der Stadtgeschichte ausgraben;

▲ als politischer Führer wird er die politische Szene des Ortes mit Parteien, Bürgerinitiativen, Aktionsgruppen usw. beschreiben.

Straßenbilder

Die Umrisse der Kontinente und der einzelnen Länder können mit bunter Kreide z. B. als Straßenmalerei auf einen Parkplatz oder Hof gemalt werden.
In diese Umrisse können dann etwa die Herkunftsländer der Asylbewerberinnen und Asylbewerber eingezeichnet werden.

Karten vergleichen

Historische Karten eignen sich gut, um z. B. Entwicklungen von Staaten deutlich zu machen.
Der Vergleich von offiziellen Karten mit denen von politischen Organisationen (z. B. die Deutschlandkarte der Republikaner) kann Weltbilder transparent und deutlich machen.

Karten als Seminarbegleiter

Für nahezu jedes Thema der politischen Bildungsarbeit empfiehlt es sich, eine große Welt-, Europa- und/oder Deutschlandkarte an die Wand zu heften, um, wenn notwendig, auf sie zurückgreifen zu können.

Die Weltkarten umdrehen

„Die Australier laufen auf dem Kopf!
Europa ist oben – Australien unten.
Oben ist Nordamerika – Südamerika ist unten.
Unten ist vor allem auch Afrika – unten im Süden.
(...)
Oben ist immer besser als unten.
Unten ist meist schmutzig –
dreckig, schmutzig darf man nicht sein!
Oben ist wertvoller als unten.
Unten ist unter den Füßen.
Unten ist auch klein – (...)
Wir wissen doch genau, wie schwierig es war zu lernen:
Osten ist rechts – Westen ist links.
Oben ist Norden – Süden ist unten.
Wir Lehrerinnen und Lehrer lehren aber weiter:
Süden ist unten!
Woran sollten die Schüler und Schülerinnen sich auch sonst auf den Atlaskarten orientieren können? Die prachtvoll verzierten Windrosen, die die Himmelsrichtungen angaben und die jeder Kartograph für seine Zwecke neu festgelegt hatte, gibt es nicht mehr. Sie sind auch überflüssig geworden, seit man – wir Europäer – für die bessere Orientierung auf der Erde, für eine bessere Eroberung der Welt, die Weltkarten und alle anderen Karten – und überhaupt alles – nach Norden ausgerichtet haben.

Martha Kuhl-Greif: die Weltkarten umdrehen – die Perspektive wechseln. In: Dies. (Hrsg.): Stolpersteine. Literatur und Kinderbücher der südlichen Kontinente im Unterricht. Wuppertal 1993, S. 9 f.

Literaturhinweise

Cornelsen Geographische Verlagsgesellschaft (Hrsg.): Aktuelle Cornelsen Landkarte. Bezug: Mecklenburgische Str. 53, 14197 Berlin. (Wird aktuell zu verschiedenen politischen Konflikten erstellt, erscheint 6mal im Jahr.)
Kidron, Michael / Segal, Ronald: Der politische Weltatlas. Bonn 1992.

Karten
Arbeitsmaterial

Projektionen

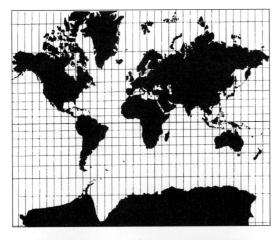

Die Mercator-Karte (1569)

ist winkeltreu; sie ist daher die einzige Navigationskarte für den größten Teil der Erde. Sie bildet die Länder am Äquator richtig ab, verzerrt (vergrößert) aber die Flächen in der Nähe der Pole, die nicht abgebildet werden können.

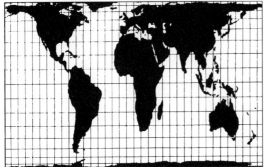

Die Peters-Karte (1972)

ist – relativ – flächentreu. Sie bildet die Industrieländer in den mittleren Breiten richtig ab; am stärksten verzerrt sind die tropischen Entwicklungsländer und die polnahen Gebiete. Wie jede rechteckige Weltkarte bildet sie die Form der Erde falsch ab.

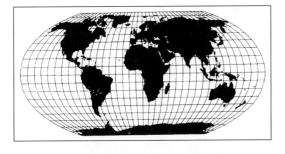

Die Wagner-Karte (1949)

ist vermittelnd. Sie ist für den größten Teil der Erdoberfläche flächentreu, die polnahen Gebiete sind etwas vergrößert, die Form der Erde wird annähernd richtig wiedergegeben. Vermittelnde Weltkarten sind das Ergebnis einer optimalen Ausgleichung der Fehler aller Weltkarten.

Das Problem: die optimale Weltkarte

Grundsätzlich kann die dreidimensionale Kugeloberfläche der Erde nicht in einer exakt übereinstimmenden, wirklichkeitsgetreu-objektiven Abbildung in die zweidimensionale Ebene eines Kartenblattes übertragen werden. Vielmehr verändert und verzerrt jede Abbildung entweder die Flächengrößen oder die Strecken/Längen oder die Winkel bzw.– damit einhergehend – die Formen/Umrisse. Wie stark die Verzerrung ist und welche der genannten Eigenschaften betroffen sind, hängt letztlich von der Wahl des Kartennetzentwurfes, d. h. der Art der mathematischen Abbildung ab.

Da es also aus mathematischen Gründen keine objektiv richtige Wiedergabe der Kugeloberfläche geben kann, gilt es, eine möglichst angemessene Darstellung zu entwickeln.

Quelle: Deutsche Gesellschaft für Kartographie (Hrsg.): Ideologie statt Kartographie. Dortmund 1985.

Bildorientierte Methoden

Karten
Umriß Welt

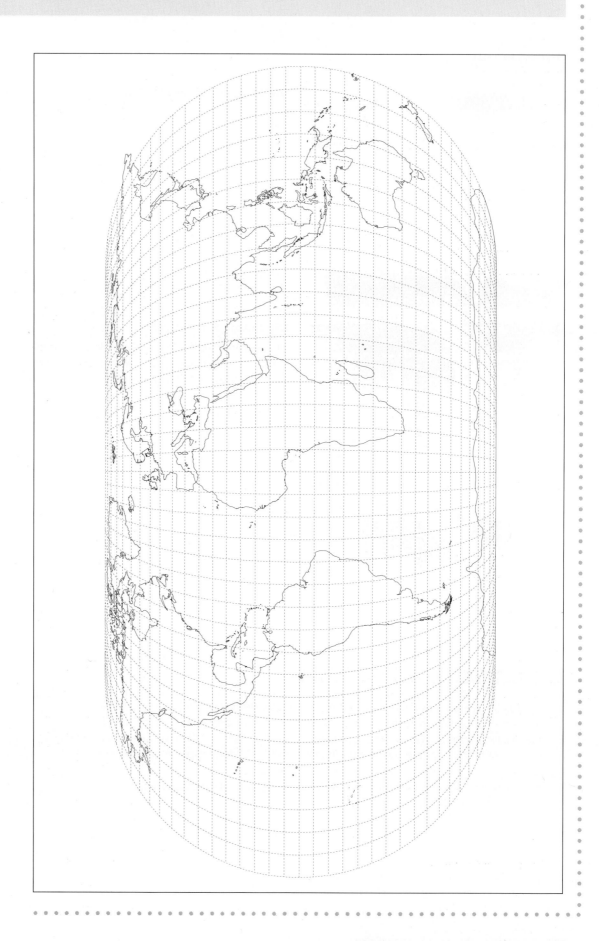

Karten
Umriß Europa

Bildorientierte Methoden

Karten
Umriß Deutschland

Bildorientierte Methoden

Karten
Arbeitsmaterial

Umgang mit Informationen und Nachrichten

Weltkarte

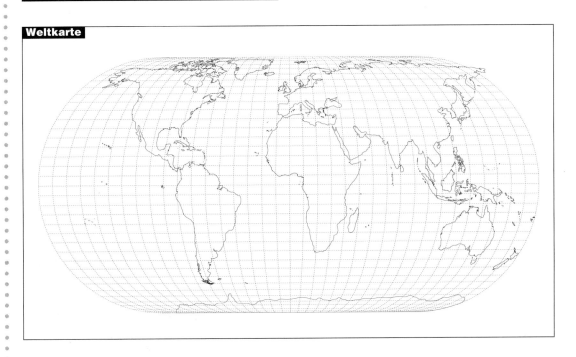

Medienanalyse und Visualisierung

Wie kann man die Nachrichten über die Dritte Welt konstruktiv bearbeiten und visualisieren?
Mit Hilfe einer stummen Weltkarte können Nachrichten geografisch zugeordnet werden und dadurch ein Gesicht bekommen.

Sinnvoll ist es, über mehrere Tage hinweg, wenn möglich über eine Woche oder länger, Medien auszuwerten und die Ergebnisse in eine stumme Weltkarte einzutragen.

Um einen Vergleich zu ermöglichen, sollten – von verschiedenen Gruppen – mehrere Tageszeitungen und die Nachrichtensendungen im Fernsehen ausgewertet werden.

Folgende thematische Zugriffe sind denkbar:
▲ Nachrichten über Konflikte und Kriege;
▲ Nachrichten über Hunger;
▲ Nachrichten über Flüchtlingsbewegungen;
▲ Nachrichten über Friedensverhandlungen;
▲ Nachrichten über die Rolle von Dritten (UNO, Industriestaaten);
▲ Nachrichten über Rüstungsexporte;
▲ Nachrichten über Entwicklungsprojekte;
▲ Nachrichten über Hilfsmaßnahmen.

Jeder Nachrichtenkategorie werden Klebepunkte einer bestimmten Farbe zugeordnet. Die einzelnen Nachrichten erhalten Nummern, welche auf die Klebepunkte übertragen werden. Die Punkte werden auf die jeweiligen Länder/Regionen geklebt, die Nachrichten auf einer großen Pinnwand festgeheftet oder in einem Ringbuch abgelegt.

Literaturhinweis

Hall, Peter Christian (Hrsg.): Aktualität und Erkenntnis. Informationsvermittlung auf dem Prüfstand. Band 26 Mainzer Tage der Fernseh-Kritik. Mainz 1994.

Joeressen, Karl J.: Auf Stippvisite beim Mitmenschen. Fernsehreportagen aus der Dritten Welt. München 1990.

Löffelholz, Martin (Hrsg.): Krieg als Medienereignis. Grundlagen und Perspektiven der Krisenkommunikation. Opladen 1993.

Ludwig, Clemens: Augenzeugen lügen nicht. Journalistenberichte: Anspruch und Wirklichkeit. München 1992.

Bildorientierte Methoden

Karten
Arbeitsmaterial

Wo wird wieviel Energie verbraucht?

1. Übertragen Sie die Anteile des Weltenergieverbrauchs in das Raster. Ein Prozent des Weltenergieverbrauchs wird durch jeweils zwei Quadrate in der Karte dargestellt. Zeichnen Sie dabei die Erdteile dort ein, wo sie geographisch hingehören. Sie sehen den wirklichen Erdteilen nicht unbedingt ähnlich. Sie stellen jedoch die Größenverhältnisse des Energieverbrauchs dar. Verwenden Sie hierzu eine rote Farbe.

2. Suchen Sie in einem Lexikon die entsprechenden Prozentanteile der Weltbevölkerung.

3. Tragen Sie die Anteile der Weltbevölkerung mit einer blauen Farbe in die Karte ein. Wo wird die meiste Energie verbraucht? Wo leben die meisten Menschen?

	Weltenergieverbrauch	Weltbevölkerung
Afrika/Naher Osten	5 %	
Asien	16 %	
Westeuropa	11 %	
Osteuropa, GUS, China	33 %	
Nordamerika	22 %	
Südamerika	8 %	

Quelle: aktuell '93

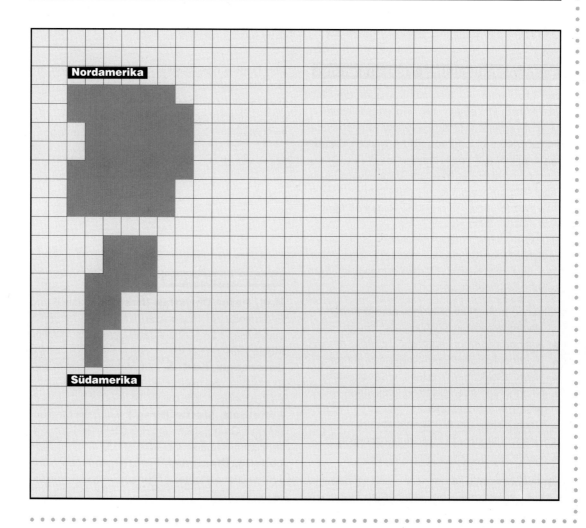

Bildorientierte Methoden

Karten
Kopiervorlage

Aufgabe

Daten:

Bildorientierte Methoden

143

Fotomontagen (1)

John Heartfield und Klaus Staeck sind vielleicht die bekanntesten Vertreter der politischen Fotomontagen in Deutschland. John Heartfield, der mit seiner „Bildsprache" die Fotomontage entwickelte, übte mit seinen Werken eine beißende Kritik an den Zuständen der Weimarer Republik und des „Dritten Reiches". Klaus Staecks Fotomontagen sind als Plakate und Postkarten überall zu finden und provozieren immer wieder politische Auseinandersetzungen.

Genau dies ist das Anliegen von politischen Fotomontagen: Mit anderen Sichtweisen von Zuständen und Ereignissen zum Nachdenken und zur Auseinandersetzung zu provozieren.

In der Bildungsarbeit können Fotomontagen auf mehrfache Weise verwendet werden:

Auseinandersetzung mit bestehenden Montagen

Anhand der Werke von Heartfield, Staeck u. a. können sowohl zu historischen Themen als auch zu aktuellen Problemen Situationsanalysen durchgeführt werden. Die Analyse der verschiedenen Inhaltselemente und Symbole solcher historischer Collagen können viel über politisch-oppositionelle Sichtweisen vermitteln.

Produktion eigener Fotomontagen

Die Produktion eigener Fotomontagen ist heute denkbar einfach. Schere, Klebstoff und Kopierer stellen die gesamten technischen Voraussetzungen dar. Ein Bildarchiv oder noch einfacher einige Jahrgänge Zeitschriften wie „Der Spiegel" oder „Stern" beinhalten das visuelle Ausgangsmaterial. Neben der thematischen Einstimmung (Thema konkret formulieren) ist es wichtig, genügend Zeit zu lassen und zum Experimentieren zu ermuntern (zur Vorgehensweise und Technik siehe „Collagen").

Die in Gruppenarbeit selbst produzierte Fotomontagen können in einer Ausstellung zugänglich gemacht werden. Besonders gelungene Objekte können sogar als Plakat gedruckt werden.

Bilder verfremden

Fotomontagen leben von der Verfremdung. Sehgewohnheiten werden aufgebrochen. Scheinbar Nichtzusammengehörendes erscheint nebeneinander. Politische Zustände und Zusammenhänge werden visuell so dargestellt, wie sie „empfunden" werden.

Deshalb können erste Erfahrungen mit Fotomontagen durch die Verfremdung bestehender Bilder und Plakate erreicht werden: Verfremdung der Warenwerbung, Verfremdung der Werbung politischer Parteien, Verfremdung der Selbstdarstellung von Ministerien, Behörden und Ämtern usw. Ein erster Schritt einer Verfremdung kann die Umkehrung der Aussage sein.

Fotomontagen (2)

Mit Bildern widerlegen

„Viele der uns umgebenden Bildlügen sind am einfachsten immer wieder mit Bildern zu widerlegen. Ich stelle vorwiegend Text-Bild-Montagen her, die fast immer aus einem dialektischen Widerspruch leben, eine Spannung erzeugen, neugierig machen.

Als Stilmittel dient in erster Linie die nicht ganz einfach zu handhabende, oft schwer zu vermittelnde Ironie. Beim Betrachter wird durch satirische Verfremdung und Überzeichnung eine Neugierde geweckt, die zur Beschäftigung anregt. (...) Als besonders erfolgreich hat sich die Verwendung fiktiver Amtsbezeichnungen, Wappen und Siegel erwiesen. (...) Schwerpunkte der Arbeit sind die Themen Meinungsfreiheit, Friedenssicherung, Schutz der Umwelt, soziale Probleme, Kampf gegen Heuchelei und Reaktion. (...)

Die Plakate sollen in erster Linie die Kommunikation, das Gespräch, das gemeinsame Nachdenken fördern. So fühlen sich die ähnlich Denkenden angeregt oder bestätigt und benutzen deren Aussagen als Argumente. Die Andersdenkenden fühlen sich herausgefordert und versuchen, diese zu widerlegen.

Die Ziele dabei sind: Denkanstöße zu geben, Unbequemes zur Sprache zu bringen, Vorurteile zu erschüttern, die Kritikfähigkeit möglichst vieler Menschen zu schärfen. Alles Doktrinäre liegt mir fern. Es geht hauptsächlich um Fragen, gestellt in der Absicht, mit anderen Menschen zusammen nach Antworten, nach Lösungen zu suchen."

Klaus Staeck: Plakate. Göttingen 1988, S. 12 ff.

Literaturhinweise

Diederich, Reiner / Richard Grübling: „Unter die Schere mit den Geiern". Politische Fotomontage in der Bundesrepublik und Westberlin. Materialien und Dokumente. Berlin/Hamburg 1977.
Sauer, Michael: „Schnitt mit dem Küchenmesser". Fotomontage als Zeitpanorama. In: Geschichte lernen, Heft 19/1991, S. 44 ff.
Siepmann, Eckhard: Montage: John Heartfield. Vom Club DADA zur Arbeiter-Illustrierten-Zeitung. Berlin 1977.
Staeck, Klaus: Plakate. Göttingen 1988.
Bei der Edition Staeck, Ingrimstr. 3, 69117 Heidelberg erscheint mehrmals im Jahr der „staeckbrief" in dem über neue Plakate und Literatur berichtet wird.

Montieren wirkt befreiend

„Es hat etwas zutiefst Befreiendes an sich, wenn man Köpfe, Arme, Beine, Requisiten, Symbole und Kulissen aus dem gewohnten Zusammenhang der herrschenden Präsentation herausschneidet; wenn man sie dann auf einem Blatt vor sich herumschiebt bis es einem paßt, bis es so aussieht, wie man selbst die Zusammenhänge sieht (...)

Es ist die beliebige Variierbarkeit von Proportion und Perspektive, von Raum und Zeit – und trotzdem bleibt eine fotorealistische Wirkung und damit beim Betrachter ein gewisses Gefühl von Authentizität, daß es vielleicht doch so sein könnte, auch wenn die Darstellung sehr unwirklich erscheint."

Kurt Jotter: Das Lachen im Halse. In: Reiner Diederich / Richard Grübling: „Unter die Schere mit den Geiern". Politische Fotomontage in der Bundesrepublik und Westberlin. Materialien und Dokumente. Berlin/ Hamburg 1977, S. 77.

Bildorientierte Methoden

Collagen

Die Collagentechnik ist weithin bekannt und verbreitet. Mit wenig Aufwand führt sie immer wieder zu erstaunlichen Ergebnissen.

Aus alten Zeitschriften, Zeitungen, Büchern, Bildern usw. soll ein neues Werk entstehen, indem Teile entnommen und neu geordnet, gruppiert und bebildert und/oder beschriftet werden. Das typische an Collagen ist, daß Bild- und Textfragmente zu einem neuen Ganzen gestaltet werden. Dieses Zerlegen und neu Zusammenfügen gehört zu den klassischen methodischen Gestaltungsmitteln.

Die Collagentechnik ermöglicht es, daß alle Schülerinnen und Schüler einbezogen werden. Bilder und Textteile müssen gesucht und ausgewählt, das vorhandene/gefundene Material gruppiert werden. Das Vorgehen läßt sich dabei vor allem von Assoziationen leiten, zumal bis zum Schluß Variationen und Veränderungen leicht möglich sind. Die Schülerinnen und Schüler lernen so, Stimmungen und Gefühle, aber auch bewußte politische Meinungen und Aussagen auszudrücken und darzustellen. Dabei wird oft auch auf Elemente der Werbung zurückgegriffen.

Die Technik von Fotomontage und Collage ist weitgehend dieselbe. Während jedoch politische Fotomontage bewußte politische Aussagen mit gezielt eingesetzten Stilmitteln gestaltet, ist der Zugang zur Collage i. d. R. ein mehr assoziativer und oft interpretierender. Dennoch lassen sich beide Bereiche nicht exakt trennen.

Vorgehensweise

▲ Bildung von Kleingruppen
 (max. 5 Schülerinnen und Schüler).
▲ Formulierung der Aufgabe:
 „Suchen Sie Bilder und Überschriften aus den Zeitschriften zum Thema ... und gestalten Sie daraus eine Collage".
▲ Arbeitsgruppenphase.
▲ Präsentation der Ergebnisse im Plenum in Form einer kleinen Ausstellung. Die jeweiligen Künstlerinnen und Künstler erläutern ihre Werke.
▲ Besprechung der einzelnen Collagen
 unter dem Aspekt ihrer Aussage und dem der bewußt oder unbewußt eingesetzten Mittel diese Aussage hervorzubringen.

Collagen können ...

▲ momentane Sichtweisen und Befindlichkeiten ausdrücken;
▲ Ereignisse kommentieren;
▲ Begriffe erklären;
▲ Aussagen durch andere, neue, entgegengesetzte kontrastieren;
▲ Aussagen ergänzen und korrigieren;
▲ Fragen stellen;
▲ Antworten geben.

In dieser Technik sind der Phantasie keine Grenzen gesetzt. Collagen können gestaltet werden aus:

▲ Überschriften von Zeitungen;
▲ Porträts von Politikern;
▲ Werbeanzeigen usw.

Objektcollagen, Toncollagen

Collagen können nicht nur mit Printmedien (Bildern und Texten) angefertigt werden, sondern auch unter Einbeziehung von Objekten, Musik, Sprache, Tönen usw.
So können

▲ aus einer Rede einzelne Sätze oder Satzteile herausgeschnitten und zu einer neuen Rede montiert werden.
▲ verschiedene Musikstücke collagenhaft gemischt werden.
▲ Parteiprogramme mit jeweils nur ihrem ersten und letzten Satz collagenhaft zusammengestellt werden.

Beispiel:

Alle Schülerinnen und Schüler bringen zur Unterrichtsreihe Dias, Bilder, Schallplatten, Kassetten, Gegenstände usw. zum Themenbereich mit (z. B. mein Arbeitsplatz). Diese Medien werden zusammengetragen und gesichtet. Dannach stellt jede/r die mitgebrachten Bilder, Musikstücke usw. vor. Daraus ergibt sich ein collagenartiger Ablauf.

Materialien

▲ Papierbogen, DIN-A2.
▲ Scheren.
▲ Klebstoff.
▲ Bild- und Textvorlagen
 (Zeitschriften, Illustrierte usw.).

75–90

Zeitbedarf:
Ca. 45–60 Minuten für die Produktion.
Ca. 30 Minuten für die Auswertung.

Bildorientierte Methoden

Collagen Beispiele

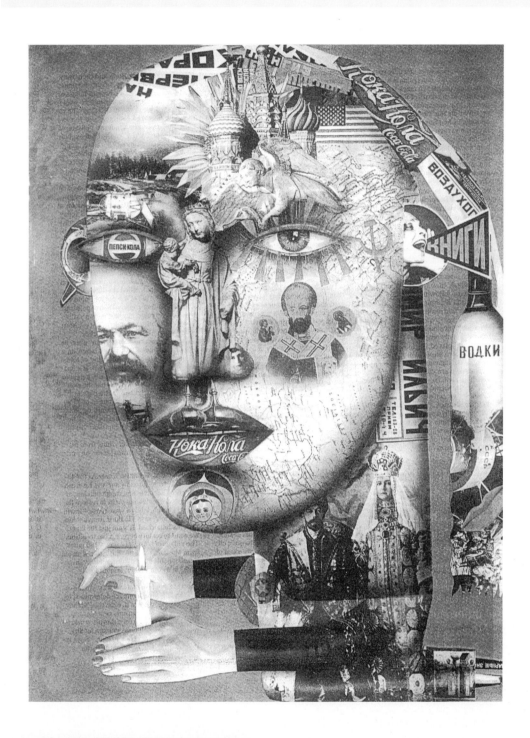

Beispiele für die Aufgabenstellung

▲ Kleingruppen sollen eine Textcollage zum Begriff „Sicherheit" erstellen. Als Material stehen Tageszeitungen zur Verfügung. (Zeit: 40 Minuten)

▲ Im Rahmen einer Unterrichtsreihe sollen Arbeitsgruppen eine Collage zum Grundgesetz Art. 1, 1 „Die Würde des Menschen ist unantastbar" produzieren. Die Collagen sollen so gestaltet sein, daß sie in städtischen Ämtern ausgehängt werden könnten. (Zeit: 2 Stunden)

▲ Jede Schülerin / jeder Schüler soll im Rahmen eines Projektes eine Collage zum Thema „Meine Hoffnungen, meine Träume, meine Befürchtungen" erstellen. (Zeit: 20 Minuten)

Bildorientierte Methoden

Bildvergleiche

Fotos können einen Ist-Zustand dokumentieren. Sie halten Personen, Gebäude, Gelände usw. in einer bestimmten Situation zu einem bestimmten Zeitpunkt fest. Fotos können insofern Beweis- und Belegcharakter haben, daß Personen oder Orte von denen berichtet wird, so auch existiert haben.

Macht man aus der gleichen Perspektive und vom gleichen Aufnahmeort nach einiger Zeit (heute) erneut Fotos, so ergeben sich spannende und aufschlußreiche Vergleichsmöglichkeiten. Fotovergleiche erklären, wie z. B. ein Platz sich verändert hat, an ihnen kann man den Prozeß des Wandels rekonstruieren. Sucht man die auf den Fotos abgebildeten Orte dann real auf, kann man oft feststellen, daß Spuren zurückgeblieben sind. Diese Methode eignet sich besonders, um Spuren aus der Zeit des Nationalsozialismus aufzuzeigen, aber auch um Veränderungen der natürlichen und künstlichen Umwelt (bereits innerhalb kurzer Zeiträume) anschaulich zu dokumentieren. Dabei darf man allerdings nicht vergessen, daß Fotos, so realistisch sie auch sein mögen, immer auch eine Interpretation der Realität sind: Bildausschnitt, Hervorhebung von Details, Farben, Licht, Perspektive usw. vermitteln **eine** Sichtweise der Wirklichkeit.

Darüberhinaus gibt es praktisch zu jedem Thema Aspekte des Fotovergleiches.
Bei einer längeren Unterrichtsreihe können die aktuellen Vergleichsbilder von den Schülerinnen und Schülern selbst angefertigt werden. Dabei ist zunächst zu beachten, daß der genaue Standpunkt für die jeweilige Perspektive gefunden wird.

Neben historischen Vergleichen (früher – heute), biografischen Vergleichen (Kinder, Jugendliche, Erwachsene, Alte) können auch interkulturelle Vergleiche (z. B. Arbeit und Wohnen in Deutschland, der Türkei, Indien) angestellt werden.

Das historische Bildmaterial kann in Archiven oder in persönlichen Fotoalben gesucht werden.

Was z. B. verglichen werden kann:
- ▲ historische Aufnahmen von Arbeitslagern, KZs etc. mit aktuellen Aufnahmen aus der gleichen Perspektive heute;
- ▲ Aufnahmen von Wohnsiedlungen 1950–1996;
- ▲ Veränderungen durch Eingriffe in die Landschaft (Straßenbau, Gewässerbegradigungen, Abholzungen usw.);
- ▲ Rituale von Politikern (Ankunft auf dem Flughafen, Händeschütteln, Pressetermine usw.);
- ▲ Landkarten, Straßenkarten, Stadtpläne usw.;
- ▲ Körperhaltungen, Körpersprache von Männern und Frauen.

Die zusammengestellten Fotos können leicht zu einer kleinen Ausstellung arrangiert werden.

Fotovergleiche zur Illustration

Werden Fotovergleiche zur Ilustration eines Themas herangezogen, so muß die Lehrerin / der Lehrer das entsprechende Bildmaterial bereits vor dem Seminar besorgen und parat haben. Es geht dann um die Veranschaulichung und Auswertung des Bildmaterials.

Fotovergleiche als Aktivmethode

Sollen die Schülerinnen und Schüler das Vergleichsmaterial selbst recherchieren bzw. erstellen (fotografieren), liegt der Schwerpunkt der Arbeit in der Informationsbeschaffung und Dokumentation. Der Lernprozeß vollzieht sich hier über die Konstruktion des Vergleichs. Um die Arbeit zu erleichtern, sollten Informationsquellen (Bildbände, Bildarchive usw.) bekannt bzw. zugänglich sein, Fotoapparate und Filmmaterial zur Verfügung stehen, sowie eine schnelle Entwicklungsmöglichkeit für die Filme vorhanden sein.

Literaturhinweise

Hamberger, Sylvia u. a.: Kein schöner Wald. Eine vergleichende Fotodokumentation. München 1993.
Ludwig-Uhland-Institut für empirische Kulturwissenschaft an der Universität Tübingen (Hrsg.): Der aufrechte Gang. Zur Symbolik der Körperhaltung. Tübingen 1990.

Bildvergleiche Beispiel

Arbeit mit Fotovergleichen im Rahmen eines workcamps im ehemaligen Konzentrationslager Neuengamme.

„Das Prinzip war folgendes: Wir nahmen historische Aufnahmen, bestimmten mit den Jugendlichen, welche Einrichtung des KZ abgelichtet war, suchten dann Dokumente und Häftlingsberichte, die Funktion und Ereignisse schilderten, und versuchten im Gelände den Ort zu finden, an dem die Fotos aufgenommen wurden.

Das Kommandantenhaus des Konzentrationslagers Neuengamme. Foto der SS.

Das Ziel war die Herstellung von Parallel-Fotografien, an denen die Veränderung des Lagergeländes zwischen 1945 und heute erkennbar war. In manchen Fällen war dieses Vorgehen einfach, weil ein markantes, heute noch vorhandenes Gebäude im Bild zu sehen war. In den meisten Fällen bereitete es aber doch enorme Mühe, den Ort der Aufnahme genau zu bestimmen, weil sich zuviele Details nicht wiederfinden ließen oder auch, weil die Perspektive nicht zu orten war, da das Foto z. B. von einem Wachturm aufgenommen wurde. Mit der Zeit bekamen wir aber doch einen guten Blick für die Einzelheiten auf den historischen Fotos und im heutigen Lagergelände. Es wurden Einrichtungen entdeckt, die ihren ursprünglichen Zweck verloren hatten, aber auch welche, die ihn noch in der Justizvollzugsanstalt (die später auf dem KZ-Gelände eingerichtet wurde, d. V.) bewahrt hatten. Und noch etwas fiel auf, daß auf Schwarz-Weiß-Fotografien das Gelände heute noch eine ähnliche Anmutung ausstrahlt wie auf den historischen Abbildungen (...)

Wir wollten uns eine Vorstellung machen, wie die Gebäude im Gelände gestanden haben, was heute der Sportplatz der Strafvollzugsanstalt ist.

Markante Hintergrundgebäude, die es auch heute noch gibt – Walther-Werke, Steinblocks – waren auf den historischen Fotos zu erkennen, Parallel-Fotografien also möglich. Mit Hilfe alter Karten maßen wir die Ecken von Küche, Arrestbunker und Häftlingsbad ein und markierten sie im Gelände durch Stangen. Die Fotografien von heute im Vergleich zu den historischen zeigten, daß Baracken und Stangen in Deckung waren. Und um zu beweisen, daß immer Spuren zurückblieben, wurde an einer Ecke der Küchen-Baracke gegraben, und wir fanden das Fundament."

Museumspädagogischer Dienst Hamburg (Hrsg.): Spurensicherung – Katalog zur Ausstellung des Museumspädagogischen Dienstes und des Museums für Hamburgische Geschichte. Hamburg 1988, S. 24 ff.

Das Kommandantenhaus 1982

Bildorientierte Methoden

Bildvergleiche
Arbeitsmaterial

Wie soll „Entwicklung" aussehen?

▲ Erzählen Sie die dargestellte Geschichte.
▲ Schreiben Sie zu jedem Bild einen kurzen Text.
▲ Welche Beziehungen bestehen zur Realität?

Social Alternatives, Nr. 2/1989

Bildorientierte Methoden

Titelbilder

Titelbilder von Zeitschriften dokumentieren bedeutende politische Ereignisse. Werden Titelbilder über einen längeren Zeitraum gesammelt, so können politische Entwicklungen und sich verändernde Einschätzungen deutlich gemacht werden.

Anwendungsmöglichkeiten

Titelbilder zur Assoziation
Die Lehrerin / der Lehrer zeigt ein Titelbild, das einen Aspekt des Themas beleuchtet, und bittet die Schülerinnen und Schüler, ihre Assoziationen zu diesem Bild zu nennen. Titelbilder lenken so die Aufmerksamkeit und können in ein Thema einführen. Interessant ist es, wenn Titelbilder verschiedener Zeitschriften zum gleichen Thema verfügbar sind.

Titelbilder als Wegmarken von Entwicklungen
Verfolgt man Titelbilder über einen längeren Zeitraum, so zeigen sie Wegmarken politischer Entwicklungen an. Die zum Thema ausgewählten Titelbilder können so als kleine Ausstellung im Klassenzimmer aufgehängt werden oder zur Illustration von Entwicklungen verwendet werden. Es empfiehlt sich dabei, die Titel auf Folie zu kopieren.

Titelbilder als Anreize zu eigenem Gestalten
Die Titelbilder für aktuelle politische Ereignisse zeigen oft unterschiedliche Einschätzungen verschiedener Zeitschriften zum gleichen Thema. Welches Titelbild würden die Schülerinnen und Schüler entwerfen?
In Kleingruppen können Titelbilder skizziert oder in Collagenform gestaltet werden. Es empfiehlt sich, den verschiedenen Kleingruppen unterschiedliche Vorgaben zu machen, z. B. ein Titelbild für das Nachrichtenmagazin „Der Spiegel" oder für „Stern" usw. Hierfür kann die Titelzeile des entsprechenden Magazins als Vorlage kopiert werden.

Variation
Anstelle eines Titelbildes für eine Zeitschrift können auch Plattenhüllen für einen politischen Song oder Titel für (Zeitgeist-) Bücher gestaltet werden.

Der gemalte Leitartikel

Zwei oder auch mehr Motive unterschiedlicher Herkunft werden zu einem neuen Bild kombiniert; die Schlagzeile ermöglicht die rasche Interpretation. Die Gefahr „tödlicher Eier" wird z. B. durch Eier in einem schwarzen Sarg verbildlicht.
Neben dieser Verknüpfung zweier Motive finden sich andere Formen weit seltener. Da ist vor allem das Porträtfoto zu nennen oder die traditionelle, gezeichnete Karikatur, die bis zum Zweiten Weltkrieg eine der meist verbreiteten Formen der politischen Grafik war.
Die traditionelle Ikonographie, mit einer aus antiker Mythologie, biblischer Geschichte und barocker Allegorie gespeisten Bildsprache dient nur noch selten als Motivlieferant. Die überwiegende Zahl der Bildmotive ist unserer heutigen Welt entlehnt. Der Ansatzpunkt der Bildsprache liegt zumeist im verbalen Bereich, in Metaphern und Redewendungen, die mehr oder minder wörtlich umgesetzt werden: „Kassenfüller Autobahn", „Gen-Fraß", „Ozon-Smog", „Kinder-Arbeit".

Vgl. Spiegel-Verlag (Hrsg.): Die Unveröffentlichten 271 SPIEGEL-Titel aus 1993. Hamburg 1994, S. 6 f.

Bildorientierte Methoden

Umgang mit Symbolen (1)

Das „Absingen" der Nationalhymne kommt im Politikunterricht mit Recht wohl ebenso wenig vor wie das Hissen der deutschen Flagge. Dennoch: nationale, kulturelle oder gruppenspezifische Symbole prägen unsere Emotionen, unser Denken und Handeln mit.

Symbole werden insbesondere aufgrund ihrer mißbräuchlichen Verwendung im Nationalsozialismus und bei heutigen rechtsextremistischen Gruppen im politischen Bildungsbereich weitgehend tabuisiert.

Symbole als Anschauungsmaterial und Aufhänger

Ein Stein aus der Berliner Mauer oder die Mütze eines Sowjetsoldaten, die in Berlin zum Kauf angeboten werden, sind Symbole des Kalten Krieges, die, in einer Schulklasse präsentiert, vielfältige Assoziationen und Emotionen auslösen. Sie können als Aufhänger genommen werden, um z. B. die Geschichte des Mauerstückes zu erzählen (oder von Schülerinnen und Schülern erzählen zu lassen).

Nationale Symbole analysieren

Welche Symbole verwenden Staaten in ihren Wappen, Flaggen usw.? Welche Nationalhymnen (Musik und Text) wurden ausgewählt? Wie sind diese Symbole entstanden, was sagen sie (heute) aus?

Bestandsaufnahme nationaler Symbolik in der eigenen Kommune

In jeder Kommune gibt es zahlreiche Kriegerdenkmäler, Gedenktafeln, Ehrenzeichen usw. Ein erster Schritt für eine Bestandsaufnahme wäre, eine Lagekarte dieser Symbole anzufertigen. Des weiteren können diese Symbole fotografiert und die Textteile abgeschrieben werden.

Symbole verschiedener Gruppen sammeln

Welche Symbole verwendet die Friedensbewegung, welche die Bundeswehr? Welche Symbole werden von den Jugendkulturen (Skinheads, Punks usw.) getragen? Was sollen diese Symbole aussagen, warum werden sie benützt und zur Schau gestellt?

Das Kreuz als Militärsymbol

Die Kreuze auf den Gräbern und Gedenksteinen stellen nicht nur christliche Symbolik dar, sondern dienten zumindest in der Vergangenheit auch als „Siegesbanner" und als Erkennungszeichen für das vaterländische Gemeinschaftsgefühl aller Deutschen. Ursprünglich als Auszeichnung in den Befreiungskriegen gedacht, hat sich z. B. das „Eiserne Kreuz", das nach einer Ideenskizze des Königs von Preussen von Schinkel entworfen wurde und sich an die Symbolik der Deutsch-Ordensritter anlehnt, als Tapferkeitsauszeichnung in allen weiteren deutschen Kriegen eingebürgert. Bereits 1819 erschien das Kreuz auf der preussischen Kriegs- und Dienstflagge.

Die Kreuzform lenkte die Sterbebereitschaft des Soldaten auf das Erlösungsversprechen des preussischen Protestantismus, es erinnert an das überwundene Leid, an den dornenvollen, aber sieghaften Kreuzgang des Abendlandes.

Im Hitler-Faschismus wurde die traditionelle Kreuzform durch das Hakenkreuz ersetzt, mit dessen Symbolik die Inszenierung einer Volksgemeinschaft ihren Höhepunkt erreichte. Heute findet die Kreuzform als Staatssymbol Verwendung bei allen drei Waffengattungen und Fahnen der Bundeswehr.

Vgl. K. Hoffmann-Curtius: Das Kreuz als Nationaldenkmal: Deutschland 1814 und 1931. Zeitschrift für Kunstgeschichte. 48. Band 1985, Heft 1, S. 77–100.

Symbole verfremden

Gerade in Karikaturen oder aber auch auf Titelblättern von Zeitschriften werden häufig nationale Symbole verfremdet. Was wollen solche verfremdeten Symbole darstellen, vor welchem Hintergrund sind sie entstanden?

Symbole selbst entwerfen und gestalten

Symbole für ein Land oder auch für eine bestimmte Gruppe können in Gemeinschaftsarbeit selbst entworfen werden und dann in unterschiedlicher handwerklicher Technik (als Bild, als Tonplastik, als Ehrenzeichen usw.) gestaltet werden.

Umgang mit Symbolen (2)

Symbole sprechen lassen

Der Stein aus der Berliner Mauer hat viele Gespräche von Grenzsoldaten und Besuchern belauscht. Was kann er berichten?

Die Mütze des russischen Offiziers hat viele Gedanken aufgeschnappt. Welche Gedanken, Sorgen, Nöte gingen ihm durch den Kopf?

Symbole sprechen lassen heißt, Schülerinnen und Schüler unter einem bestimmten Blickwinkel in „Ich-Form" erzählen zu lassen.

Reaktionen auf nationale Symbole testen

Wie reagieren Menschen auf bestimmte Symbole?

Um dieser Frage nachzugehen, können im Rahmen einer Unterrichtsreihe verschiedene „Experimente" mit Symbolen durchgeführt werden:

▲ Wie reagieren die Schülerinnen und Schüler, wenn die deutsche Nationalhymne vorgespielt wird (wie, wenn die englische oder amerikanische)?

▲ Wie reagieren Passanten in einer Fußgängerzone, wenn Jugendliche mit einer Deutschlandfahne, mit der Fahne der ehemaligen Sowjetunion oder mit der der USA stehen?

Literaturhinweise

Bundeszentrale für politische Bildung (Hrsg.): Einigkeit und Recht und Freiheit. Nationale Symbole und nationale Identität. Bonn 1990.
Jung, Carl G.: Die Archetypen und das Unbewußte. Olten 1986.
Lurz, M.: Kriegerdenkmäler in Deutschland. 6 Bde. Heidelberg 1985 ff.
Politik und Unterricht, Heft 3/95: Politische Symbole. Neckar-Verlag Villingen-Schwenningen.
Schörken, Rolf: Symbol und Ritual statt politischer Bildung. In: Gegenwartskunde, 36/87, S. 27–48.
Schneider, Herbert: Identifikationssymbole und -rituale in Politik und politischer Bildung. In: B. Claußen / B. Bröcker (Hrsg.): Politisches Lernen und politische Institutionen im gesellschaftlichen Wandel. Hamburg 1991.
Stein, H.-P.: Symbole und Zeremoniell in deutschen Streitkräften vom 18. bis zum 20. Jahrhundert. Herford/Bonn 1984.

Hakenkreuz, Symbol der NSDAP
öffentliche Verwendung strafbar

Hakenkreuz, Swastika-Kreuz
öffentliche Verwendung strafbar

Keltenkreuz, Symbol der verbotenen volkssozialistischen Bewegung
öffentliche Verwendung strafbar (strittig)

Parteizeichen der FAP
öffentliche Verwendung strafbar

Zivilabzeichen der SA
öffentliche Verwendung strafbar

Sonnensymbol Triskele wird vom Ku-Klux-Klan verwendet
öffentliche Verwendung nicht strafbar

Wird vom Ku-Klux-Klan verwendet
öffentliche Verwendung nicht strafbar

Bildorientierte Methoden

Umgang mit Symbolen
Arbeitsmaterial

Nationale Symbole

Staufischer Adler zur Zeit Heinrich VI. 1190–1197

Deutscher Königsadler, 1871–1918

Adler der Weimarer Republik, 1919–1927

Adler im Nationalsozialismus 1935–1945

Bundesadler, seit 1950

Was sind Nationalsymbole

„Einen fest umrissenen Begriff des Nationalsymbols gibt es nicht. Man rechnet hierzu insbesondere Farben, Hymnen und Wappen. Hinzu treten Feiertage, Denkmäler und Ehrungen, während man andere, das Gemeinschaftsgefühl stärkende Ereignisse (wie zum Beispiel Sportwettkämpfe und kulturelle Veranstaltungen, Ausstellungen, Festspiele usw.) trotz derer oft zunehmenden politischen Bedeutung noch nicht als Nationalsymbol ansieht."

H. Hattenbauer: Nationalsymbole. In: W. Weidenfeld / K.-R. Korte (Hrsg.): Handwörterbuch zur deutschen Einheit. Frankfurt/M. 1992, S. 500.

Fragen:

▲ Wozu benötigt ein Staat Symbole?
▲ Wie entstehen Staatssymbole?
▲ Wann werden sie gezeigt und angewendet?
▲ Welche Funktionen erfüllen sie?
▲ Von wem werden sie akzeptiert und angewendet, von wem ignoriert, von wem bekämpft?

Heimliche Verführer

„Mit Staatssymbolen haben die Führer der Völker noch stets Mißbrauch betrieben. Natürliche menschliche Regungen wie Mitleid, Fairneß, Hilfsbereitschaft sind häufig mit nationalen, vaterländischen Appellen erstickt worden. Der Rausch, die Weigerung, der Vernunft zu folgen, wird auch durch das Hissen der Nationalflagge oder das gemeinsame Absingen der Hymne erzeugt. Staatsmänner oder Parteiführer, die suggerieren wollen, daß Selbstbewußtsein und historische Identität von der Nutzung und Darstellung staatlicher Symbole abhängt, haben – gelinde ausgedrückt – nichts aus der Geschichte gelernt.

Das Mißtrauen vieler Deutscher gegenüber der Demonstration staatlicher Macht beweist erheblich höhere Lernfähigkeit der Bürger der zweiten deutschen Republik, als es vielleicht manchem lieb sein mag. Gustav Heinemann fand einst auf die Frage, ob er den Staat liebe, die schlichte tiefsinnige Antwort: „Ich liebe meine Frau".

Wir sollten im übrigen vielleicht auch darüber nachdenken, daß die Selbstdarstellung der Staatsmacht in Form von Fahnen, Gesängen, öffentlichen Feiern, Uniformen oder Orden vor allem in Diktaturen ihre Übersteigerung erfährt. Der Unterdrücker muß Macht demonstrieren, um Autoritätsbereitschaft und Angst zu bewirken. Demokratie aber lebt aus dem politischen Grundkonsens seiner Bürger, daß der Staat und sein Apparat Diener der Gesellschaft sind und nicht umgekehrt."

Wilhelm von Sternburg: Staatssymbole gehören immer zu den heimlichen Verführern. In: Frankfurter Rundschau, 19. 3. 1987.

Umgang mit Symbolen
Arbeitsmaterial

Symbole der Jugendkultur

Symbole drücken ein Lebensgefühl aus. Die Symbole, Zeichen und Sticker der Jugendkultur sagen radikaler und lauter, was sie denken und fühlen. Die Stile der Jugendkultur greifen bestimmte Symboliken aus der Sprache, der Musik und den Konzertauftritten von Rockmusikern, Filmstars und Filmen auf.

Das übergeordnete Ziel aller dieser verschiedenen Arten von Ausdrucksmitteln und Symbolen ist die Entwicklung und Entfaltung von Ausdruckskraft und Gefühl. Viele Jugendliche kennen Gefühle des „Sich-nicht-verstanden-Fühlens", des „Überflüssig-Seins", des „Nichts-machen-Könnens": Sie bewältigen diese Probleme symbolisch. Jugendkulturelle Stile reflektieren die Erfahrungen und Gefühle in Sprache und Sprüchen, in Zeichen und Graffiti. Gleichzeitig sollen die Stile die Zugehörigkeit zu den existierenden jugendkulturellen Gruppierungen und Szenen herstellen. Alltagsgegenstände und Bestandteile der herkömmlichen Mode werden umgeformt und in einen anderen Gesamtzusammenhang des Stils gestellt.

Anhand der verschiedenen Symboliken und Accessoires lassen sich die heute sehr verbreiteten Mischformen gut analysieren. Denn Jugendkulturen können nur eine kurze Zeit als reine Jugendkultur existieren. Die Aufmerksamkeit der Medien für jede neue auftauchende Mode, das Bedürfnis, diesen Stil nachzuahmen oder sie als auf bestimmte Äußerlichkeiten, wie die Haarfarbe und die Frisur zu reduzieren, tragen oft zur Auflösung von Jugendkulturen bei.

Skinheads

Die Skinheads entwickelten sich Ende der 60er Jahre aus der Gruppe der sogenannten Mods der Unterschichtsszene. Sie entstanden vor allem in den Randbereichen der englischen Großstädte wie London und Birmingham.

Die Skinheads betonten den proletarischen Stil, der sich in kurzgeschorenen Haaren, Arbeiterstiefeln, kurzen Jeans oder neuerdings Uniformhosen und Hosenträgern zeigte. Sie kehrten ein extrem männliches Image heraus, waren fanatische Fußballfans und verhielten sich gewalttätig gegen Schwule, Softies und Ausländer – wie heute wieder. Es ist die Beschwörung einer magischen Gemeinschaft der Arbeiterklasse, die Suche nach nationaler Heimat – die einen sind die „Guten", die anderen die „Bösen" – bedrohliche Fremde.

Punks

Auch der Punkstil entstand in London Ende der 70er Jahre. Er kehrt sozusagen das Verdrängte, Häßliche, Brutale der Gesellschaft nach außen. Jugendliche, die arbeitslos waren, dreckig auf den Straßen herumhingen, Bier tranken und von den Passanten als Abschaum bezeichnet wurden, stellten sich symbolisch selbst als Müll dar. Dazu gehörten zerrissene Kleider, alte Lederjakken, kaputte Schuhe, Fahrradketten und Halsbänder als Symbole der Unterdrückung, Verletzungen, denen sie sich seelisch ausgesetzt fühlten, wurden mit Accessoires symbolisiert: Rasierklingen, durchstochene Ohrläppchen und Backen zum Beispiel. Auch hier werden Gebrauchsgegenstände aus dem Alltag zu Symbolen der Unterdrückung und des Schmerzes.

Ekkehard Sander: Der Körper – ein Spiegel radikaler Gefühle. In: Süddeutsche Zeitung, 5./6. 10. 1991, S. 16, Auszüge.

Grufties

Wie kommt es, daß all' deine Freundinnen und Freunde auch Schwarz tragen? Das ist doch kein Zufall, daß die Leute euch Grufties nennen.

Ich find' den Begriff unheimlich blöd, ich würde mich nie so einstufen, weil ich diese Eingruppierungen absolut nicht mag. Bei Otto Normalverbraucher sind wir immer die Grufties und werden komisch angegafft, als ob wir was ganz Besonderes wären. Das ist einfach so, daß wir furchtbar gern schwarz gekleidet gehen und ein bißchen andere Musik hören als die breite Masse. Ich diskutiere auch gern mit anderen Leuten, um mal deren Meinung zu hören, aber am liebsten sind mir doch die Leute, die dieselbe Einstellung haben wie ich.

Und die lautet wie?

Ganz grob gesagt: Die Welt ist schlecht. Ich bin der Meinung, das geht nicht mehr lange weiter so. Das ist bald zu Ende.

Das Outfit ist also der Weltuntergangsstimmung angepaßt?

„Christiane" in: Die Zeit, 20.11.1992, S. 91.

Bildorientierte Methoden

Literaturverzeichnis

Politische Bildung / Politischer Unterricht

Becker, Horst / Jürgen Feick / Herbert Uhl: Leitfragen Politik. Orientierungswissen Politische Bildung. Stuttgart/Dresden 1993.

Behrmann, Günther C. / Siegfried Schiele (Hrsg.): Verfassungspatriotismus als Ziel politischer Bildung. Didaktische Reihe der Landeszentrale für politische Bildung Baden-Württemberg. Schwalbach 1993.

Claußen, Bernhard: Politische Bildung und Kritische Theorie. Opladen 1984.

Claußen, Bernhard / Birgit Wellie (Hrsg.): Bewältigungen. Politik und politische Bildung im vereinigten Deutschland. Hamburg 1992.

Cremer, Will / Ansgar Klein (Red.): Umbrüche in der Industriegesellschaft. Herausforderungen für die politische Bildung. Opladen 1990.

Cremer, Will / Imke Commichau (Red.): Zur Theorie und Praxis der politischen Bildung. Bundeszentrale für politische Bildung. Bonn 1990.

Franke, Kurt / Herbert Knepper (Hrsg.): Aufbruch zur Demokratie. Politische Bildung in den 90er Jahren. Ziele, Bedingungen, Probleme. Opladen 1994.

Gagl, Walter / Dieter Menne (Hrsg.): Politikunterricht. Handbuch zu den Richtlinien NRW. Düsseldorf 1988.

Gagl, Walter: Geschichte der politischen Bildung in der Bundesrepublik Deutschland 1945–1989. Zwölf Lektionen. Opladen 1994.

Heitmeyer, Wilhelm / Juliane Jacobi (Hrsg.): Politische Sozialisation und Individualisierung. Perspektiven und Chancen politischer Bildung. Weinheim/München 1991.

Hufer, Klaus-Peter: Politische Erwachsenenbildung. Strukturen, Probleme, didaktische Ansätze. Eine Einführung. Schwalbach 1992.

Kuhn, Hans-Werner / Peter Massing (Hrsg.): Politische Bildung in Deutschland. Entwicklung – Stand – Perspektiven. Opladen 1990.

Mickel, Wolfgang W. / Dietrich Zitzlaff (Hrsg.): Handbuch der politischen Bildung. Opladen 1988.

Noll, Adolf H. / Lutz R. Reuter (Hrsg.): Politische Bildung im vereinten Deutschland. Geschichte – Konzeptionen – Perspektiven. Opladen 1991.

Nuissl, Ekkehard u. a.: Verunsicherungen in der politischen Bildung. Bad Heilbrunn 1992.

Sander, Wolfgang: Konzepte der Politikdidaktik. Aktueller Stand, neue Ansätze und Perspektiven. Hannover 1993.

Sarcinelli, Ulrich (Hrsg.): Demokratische Streitkultur. Theoretische Grundpositionen und Handlungsalternativen in Politikfeldern. Bundeszentrale für politische Bildung, Bonn 1990.

Schiele, Siegfried / Herbert Schneider (Hrsg.): Konsens und Dissens in der politischen Bildung. Stuttgart 1987.

Schiele, Siegfried (Hrsg.): Politische Bildung als Begegnung. Stuttgart 1988.

Schiele, Siegfried / Herbert Schneider (Hrsg.): Rationalität und Emotionalität in der politischen Bildung. Stuttgart 1991.

Sutor, Bernhard: Politik. Ein Studienbuch zur politischen Bildung. Paderborn 1994.

Wellie, Birgit (Hrsg.): Perspektiven für die politische Bildung nach der Vereinigung der beiden deutschen Staaten. Hamburg 1991.

Zubke, Friedhelm (Hrsg.): Politische Pädagogik. Beiträge zur Humanisierung der Gesellschaft. Weinheim 1990.

Methoden für den Politikunterricht

Ackermann, Paul (Hrsg.): Politisches Lernen vor Ort. Außerschulische Lernorte im Politikunterricht. Stuttgart 1988.

Ackermann, Paul / Reinhard Gaßmann: Arbeitstechniken politischen Lernens kurzgefaßt. Stuttgart 1990.

Ackermann, Paul u. a.: Politikdidaktik kurzgefaßt. Dreizehn Planungsfragen für den Politikunterricht. Schwalbach/Ts. 1994.

Alemann, Ulrich von / Erhard Forndran: Methodik der Politikwissenschaft. Eine Einführung in Arbeitstechniken und Forschungspraxis. Stuttgart 1990.

Arbeitskreis Pädagogik Paulo Freie u. a. (Hrsg.): Mit Phantasie und Spaß. Praktische Anregungen für eine motivierende politische Bildungsarbeit. München 1991.

Ballstaedt: Lerntexte und Teilnehmerunterlagen. Seminar-

Literaturverzeichnis

unterlagen. Seminareinheit 2. Mit den Augen lernen. Weinheim 1991.

Beinke, Lothar (Hrsg.): Betriebserkundungen. Bad Heilbrunn 1980.

Breit, Gotthard: Mit den Augen des anderen sehen – eine neue Methode zur Fallanalyse. Frankfurt 1991.

Brokmann-Nooren, Christiane / Ina Grieb / Hans-Dietrich Raapke: Handreichungen für die nebenberufliche Qualifizierung in der Erwachsenenbildung. Weinheim/Basel 1994.

Bundeszentrale für politische Bildung (Hrsg.): Erfahrungsorientierte Methoden der politischen Bildung. Bonn 1988.

Claußen, Bernhard: Methodik der politischen Bildung. Opladen 1981.

Dritte Welt Haus Bielefeld (Hrsg.): Von Ampelspiel bis Zukunftswerkstatt. Ein Dritte-Welt-Werkbuch. Wuppertal 1990.

Geißler, Karlheinz A.: Anfangssituationen. Was man tun und besser lassen sollte. Weinheim/Basel 1991.

Geißler, Karlheinz A.: Schlußsituationen. Die Suche nach dem guten Ende. Weinheim/Basel 1992.

Geographie heute, Heft 67, Jan./Febr. 1989: Unterrichtsmethoden. Seelze 1989.

Geschichte lernen, Heft 18, November 1990: Politische Karikaturen. Seelze 1990.

Giesecke, Hermann: Politische Bildung. Didaktik und Methodik für Schule und Jugendarbeit. Weinheim/München 1993.

Gudjons, Herbert: Unterrichtsmethoden. Grundlegung und Beispiele. Hamburg 1989.

Gugel, Günther: Praxis politischer Bildungsarbeit. Methoden und Arbeitshilfen. Tübingen, 2. Auflage 1994.

Heidelberger Institut Beruf und Arbeit (Hrsg.): Lernen und Lehren in der Erwachsenenbildung. Lehr-Lern-Verträge und andere Methoden. Heidelberg 1994.

Henkenborn, Peter / Wolfgang Sander (Hrsg.): Wider die Langeweile. Neue Lernformen im Politikunterricht. Festschrift für Siegfried George. Schwalbach/Taunus 1993.

Junk, Eberhard: Politische Bildung in Arbeit und Beruf. Die Gestaltung von Arbeits- und Lebenssituationen. Frankfurt/M. 1993.

Kaiser, Arnim: Bildungsarbeit mit Erwachsenen. Leitfaden zur Didaktik und Methodik. München 1986.

Knoll, Jörg: Kurs- und Seminarmethoden. Ein Trainingsbuch zur Gestaltung von Kursen und Seminaren. Arbeits- und Gesprächskreisen. Weinheim/Basel 1991.

Krause-Isermann, Ursula / Joachim Kupsch / Michael Schumacher (Hrsg.): Perspektivenwechsel. Beiträge zum fächerübergreifenden Unterricht für junge Erwachsene. Bielefeld 1994.

Landwehr, Norbert: Neue Wege der Wissensvermittlung. Ein praxisorientiertes Handbuch für Lehrpersonen im Bereich der Sekundarstufe II (Berufsschulen, Gymnasien) sowie in der Lehrer- und Erwachsenenbildung. Aarau 1994.

Meyer, Hilbert: Unterrichtsmethoden. Bd. 1: Theorieband, 5. Auflage. Frankfurt/M. 1992; Band 2: Praxisband, 4. Auflage. Frankfurt/M. 1991.

Mickel, Wolfgang W. / Dieter Zitzlaff (Hrsg.): Methodenvielfalt im politischen Unterricht. Hannover 1993.

Müller, Kurt R. (Hrsg.): Kurs- und Seminargestaltung. Ein Handbuch für Mitarbeiter/innen im Bereich von Training und Kursleitung. Weinheim/Basel 1991.

Sander, Wolfgang (Hrsg.): Konzepte der Politikdidaktik. Aktueller Stand, neue Ansätze und Perspektiven. Hannover 1992.

Pallasch, Waldemar / Wolfgang Mutzeck / Heino Heimers (Hrsg.): Beratung – Training – Supervision. Eine Bestandsaufnahme über Konzepte zum Erwerb von Handlungskompetenzen in der pädagogischen Arbeit. Weinheim 1992.

Steinmann, Weber (Hrsg.): Handlungsorientierte Methoden in der Ökonomie. Ein Sammelband mit 31 Beiträgen für die Unterrichtspraxis. Neusäß 1995.

Weidemann: Lernen mit Bildmedien. Seminareinheit 1. Mit den Augen lernen. Weinheim/Basel 1991.

Will, Hermann (Hrsg.): Mit den Augen lernen. Medien in der Aus- und Weiterbildung. 6 Seminareinheiten. Weinheim/Basel 1991.

Gruppendynamische Methoden

Antons, Klaus: Praxis der Gruppendynamik. Übungen und Techniken. 5. überarbeitete und ergänzte Auflage. Göttingen u. a. 1992.

Bachmann, Claus Henning (Hrsg.): Kritik der Gruppendynamik. Grenzen und Möglichkeiten sozialen Lernens. Frankfurt 1981.

Brocher, Tobias: Gruppendynamik und Erwachsenenbildung. Braunschweig 1967.

Cohn, Ruth C.: Von der Psychoanalyse zur Themenzentrierten Interaktion. Von der Behandlung einzelner zu einer Pädagogik für alle. 11. Auflage. Stuttgart 1992.

Decker, Franz: team working. Gruppen erfolgreich führen und moderieren. München 1994.

Hofstätter, Peter R.: Gruppendynamik. Kritik der Massenpsychologie. Reinbek 1972.

Karas, Fritz / Wolfgang Hinte: Grundprogramm Gruppenarbeit. Arbeits- und Aktionshilfe für Bürgergruppen. Wuppertal 1980.

Langmaack, Barbara / Michael Braune-Krickau: Wie die

Literaturverzeichnis

Gruppe laufen lernt. Anregungen zum Planen und Leiten von Gruppen. München 1989.

Langmaack, Barbara: Themenzentrierte Interaktion. Einführende Texte rund ums Dreieck. München 1991.

Löhmer, Cornelia / Rüdiger Standhardt: Themenzentrierte Interaktion. TZI. Die Kunst, sich selbst und die Gruppe zu leiten. Mannheim 1992.

Marmet, Otto: Ich und du und so weiter. Kleine Einführung in die Sozialpsychologie. München/Weinheim 1988.

Pfeiffer, J. Wiliam / John E. Jones: Arbeitsmaterial zur Gruppendynamik 1. Gelnhausen 1974.

Pühl, Harald: Angst in Gruppen und Institutionen. Bielefeld 1994.

Richter, Horst E.: Die Gruppe. Hoffnung auf einen neuen Weg sich selbst und andere zu befreien. Reinbek 1972.

Sandner, Dieter: Psychodynamik in Kleingruppen. München/Basel 1978.

Standhard, Rüdiger / Cornelia Löhmer (Hrsg.): Zur Tat befreien. Gesellschaftspolitische Perspektiven der TZI-Gruppenarbeit. Mainz 1994.

Schultz von Thun, Friedemann: Miteinander reden: Störungen und Klärungen. Psychologie der zwischenmenschlichen Kommunikation. Reinbek 1981.

Schultz von Thun: Miteinander reden 2. Stile, Werte und Persönlichkeitsentwicklung. Differentielle Psychologie der Kommunikation. Reinbek 1989.

Stenvens, John O.: Die Kunst der Wahrnehmung. Übungen zur Gestalttherapie. München 1978.

Vopel, Klaus W.: Handbuch für Gruppenleiter/innen. Zur Theorie und Praxis der Interaktionsspiele. 6. Auflage. Salzhausen 1992.

Vopel, Klaus W.: Themenzentriertes Teamtraining. 4 Bände. Salzhausen 1994.

Materialien zur Vertiefung einzelner Methoden

Der Deutschunterricht, Heft 6/1985: Parodie. Friedrich Verlag, Seelze.

epd-Entwicklungspolitik 22/91, Schwerpunkt: Karikatur am lateinamerikanischen Vorbild.

Geschichte lernen, Heft 18, November 1988: Politische Karikaturen. Friedrich Verlag, Seelze.

Krüger, Herbert / Werner Krüger: Geschichte in Karikaturen. Von 1848 bis zur Gegenwart. Stuttgart 1981

Kuhl-Greif, Martha (Hrsg.): Literatur und Kinderbücher der südlichen Kontinente im Unterricht. Wuppertal 1993.

Kunst und Unterricht, Heft 49, Juni 1978: Plakate. Friedrich Verlag, Seelze.

Kunst und Unterricht, Heft 77, Februar 1983: Bildanalyse. Friedrich Verlag, Seelze.

Kunst und Unterricht, Heft 78, April 1983: Bildanalyse 2. Friedrich Verlag, Seelze.

Lixfeld, Hannost: Witz. Arbeitstexte für den Unterricht. Stuttgart 1986.

Lurz, M.: Kriegerdenkmäler in Deutschland. 6 Bde. Heidelberg 1985 ff.

MISSIO Internationale Katholisches Missionswerk e. V. (Hrsg.): Bilder helfen sprechen 1. Aachen 1982.

MISSIO Internationale Katholisches Missionswerk e. V. (Hrsg.): Missio-Bildkartei Kinder und Frauen. Aachen 1991.

MISSIO Internationale Katholisches Missionswerk e. V. (Hrsg.): Missio-Bildkartei Bilder helfen sehen. Aachen 1992.

Müller, Doris: Phantasiereisen im Unterricht. Braunschweig 1994.

Politik und Unterricht, Sonderheft Januar 1987: Historische Lieder, Texte, Noten und Kommentare zu Liedern aus acht Jahrhunderten. Landeszentrale für politische Bildung Baden-Württemberg. Neckar-Verlag, Villingen-Schwenningen 1987.

Praxis Deutsch, Heft 76, März 1986: Szenisches Spiel – Spielprozesse. Friedrich Verlag, Seelze.

Praxis Deutsch: Heft 98, November 1989: Textanalyse. Friedrich Verlag, Seelze.

Rodari, Gianni: Grammatik der Phantasie. Die Kunst, Geschichten zu erfinden. Leipzig 1993.

Rohrbacher, Stefan / Michael Schmidt: Judenbilder. Kulturgeschichte antijüdischer Mythen und antisemitischer Vorurteile. Reinbek 1991.

Seehafer, Klaus: Wer war das wohl? Das ist doch gleich … Rate-Portraits großer Persönlichkeiten. München 1990.

Seifert, Josef W.: Visualisieren, Präsentieren, Moderieren. Speyer 1992.

Sievritts, Manfred: „Politisch Lied, ein garstig Lied?" 2 Bände. Wiesbaden 1984.

Staeck, Klaus: Plakate. Göttingen 1988.

Wende-Hohenberger, Waltraud: Ein neuer Anfang? Schriftsteller-Reden zwischen 1945 und 1949. Metzler Studienausgabe, Stuttgart 1990.

Wiener, Ralph: Gefährliches Lachen. Schwarzer Humor im Dritten Reich. Reinbek 1994.

Witze bis zur Wende. 40 Jahre politischer Witz in der DDR. München 1991.

Literaturverzeichnis

Literaturübersichten für den Politikunterricht

Bundeszentrale für politische Bildung (Hrsg.): Annotierte Bibliographie für die politische Bildung. Erscheint vierteljährlich. Bezug: Bundeszentrale für politische Bildung, Berliner Freiheit 7, 53111 Bonn.

Graeff, Robert: Bibliographie zu Unterrichtseinheiten der politischen Bildung. Veröffentlichungen in Zeitschriften 1975–1991. Ergänzungslieferung 1. Bonn 1993, Bezug: Bundeszentrale für politische Bildung.

Gugel, Günther: Friedenserziehung. Literatur und didaktische Materialien. 5. Auflage. Tübingen 1995.

Deutsches Institut für Erwachsenenbildung (Hrsg.): Bibliographie zur Erwachsenenbildung 1994. Deutscher Sprachraum. Frankfurt 1995.

Die Zeitschrift „Geschichte – Erziehung – Politik" (Pädagogischer Zeitschriftenverlag, Postf. 269, 10107 Berlin) enthält einen Literatur-Service zur politischen Bildungsarbeit.

Das Institut für Schulbuchforschung gibt mehrere für den Politikunterricht interessante Reihen heraus: „Zur Sache Schulbuch", „Beiträge zur wissenschaftlichen Schulbucharbeit", „Politikwissenschaftliche Beiträge zur Medienforschung" sowie die Reihe „Bildungspolitik/Politische Bildung".

Der Informationsdienst der Internationalen Bibliothek für Zukunftsfragen, Robert Jungk Stiftung, Salzburg, „pro Zukunft" bringt vier Mal im Jahr auf 32 Seiten Informationen über Bücher, Zeitschriften, graue Literatur usw. zu Themen wie Ökologie, Ökonomie, Psychologie, Erziehung, Dritte Welt, Medizin usw. Bezug: Beltz Verlag, Postf. 100161, 69441 Weinheim.

Nachschlagewerke, Lexika, Jahrbücher für den Politikunterricht

Amnesty International (Hrsg.): Jahresbericht 1995. Frankfurt 1995. Erscheint jährlich.

BMZ (Hrsg.): Journalisten Handbuch Entwicklungspolitik. 1995. Bonn 1995. Erscheint jährlich

Deutsche Gesellschaft für die Vereinten Nationen (Hrsg.): Bericht über die menschliche Entwicklung 1995. UNO-Verlag, Bonn 1995. Erscheint jährlich.

Harenberg, Bodo von (Hrsg.): Aktuell '96. Das Lexikon der Gegenwart. Dortmund 1995. Erscheint jährlich im Harenberg Lexikon-Verlag.

Harenberg, Bodo (Hrsg.): Chronik '94. Vollständiger Jahresrückblick in Wort und Bild. Dortmund 1994. Erscheint jährlich im Chronik Verlag.

Humann, Klaus / Ingke Brodersen (Hrsg.): Welt aktuell. Erscheint jährlich im Rowohlt Verlag.

Hessische Stiftung Friedens- und Konfliktforschung (HSFK), Forschungsstätte der Evangelischen Studiengemeinschaft (FEST), Institut für Friedensforschung und Sicherheitspolitik an der Universität Hamburg (IFSH) (Hrsg.): Friedensgutachten 1995. Münster/Hamburg 1995. Erscheint jährlich im Lit-Verlag.

Jahrbuch Dritte Welt. Daten, Übersichten, Analysen. Erscheint jährlich im Verlag C. H. Beck, München.

Jahrbuch Frieden. Konflikte, Abrüstung, Friedensarbeit. Erscheint jährlich im Verlag C. H. Beck, München.

Jahrbuch Ökologie. Erscheint jährlich im Verlag C. H. Beck, München.

Michler, Günther / Reinhard Paesler (Hrsg.): Der Fischer Weltalmanach, Zahlen, Daten, Fakten. Erscheint jährlich im Fischer Taschenbuch Verlag.

Österreichisches Studienzentrum für Frieden und Konfliktlösung u. a. (Hrsg.): Friedensbericht 1995. Friedensforscher zur Lage. Zürich 1995. Erscheint jährlich im Verlag Ruegger, Zürich.

Statistisches Bundesamt (Hrsg.): Datenreport 1994. Zahlen und Fakten über die Bundesrepublik Deutschland. Bonn 1994. Bezug: Bundeszentrale für politische Bildung. Wird jährlich aktualisiert.

Weltbank (Hrsg.): Weltentwicklungsbericht. Erscheint jährlich im UNO-Verlag, Bonn.

Register

Alphabetisches Register

99 Fragen	46
Amerikanische Debatte	93
Ampelspiel	91
Bilder, die Geschichte machten	119
Bildkartei	116
Bildvergleiche	148
Blitzlicht	59
Brainstorming	78
Buttons und Aufkleber	130
Collagen	146
Comics	127
Entscheidungsspiel mit Punkten	87
Folien	74
Fotomontagen	144
Identifizieren – Umgang mit Bildern	121
Karikaturen	123
Karten	135
Klassenszene	56
Körperumriß	49
Legenden, Lügen, Vorurteile	101
Mein T-Shirt	52
Mind-Mapping	68
Phantasiereise	84
Plakate	132
Polaritätsprofile	111
Porträts per Schattenriß	48
Positionenspiel	81
Presseschau	51
Prioritätenspiel	94
Projektkritik	57
Selbstverpflichtungen	60
Spinnwebanalyse	103
Streitlinie	80
Szenarios	107
Titelbilder	151
Umfragen	98
Umgang mit Symbolen	152
Visionengalerie	76
Visualisierungs-Medien	67
Vorstrukturierte Bilder	70
Wandzeitungen	72

Mögliche Lernleistungen

Aussagen prüfen

Amerikanische Debatte	93
Bildvergleiche	148
Entscheidungsspiel mit Punkten	87
Identifizieren – Umgang mit Bildern	121
Karikaturen	123
Karten	135
Legenden, Lügen, Vorurteile	101
Positionenspiel	81
Szenarios	107
Umfragen	98

Eigene Empfindungen formulieren

99 Fragen	46
Bildkartei	116
Blitzlicht	59
Buttons und Aufkleber	130
Collagen	146
Fotomontagen	144
Identifizieren – Umgang mit Bildern	121
Karikaturen	123
Klassenszene	56
Körperumriß	49
Mein T-Shirt	52
Phantasiereise	84
Polaritätsprofile	111
Szenarios	107
Titelbilder	151
Umgang mit Symbolen	152
Visionengalerie	76

Eigene Entscheidungen

Ampelspiel	91
Entscheidungsspiel mit Punkten	87
Polaritätsprofile	111
Positionenspiel	81
Prioritätenspiel	94
Projektkritik	57
Selbstverpflichtungen	60
Spinnwebanalyse	103
Streitlinie	80
Szenarios	107

Eigene Entscheidungen

Phantasiereise	84
Visionengalerie	76
Vorstrukturierte Bilder	70

Handeln ermöglichen

Bildvergleiche	148
Buttons und Aufkleber	130
Collagen	146
Entscheidungsspiel mit Punkten	87
Fotomontagen	144
Karikaturen	123
Karten	135
Körperumriß	49
Mein T-Shirt	52
Porträts per Schattenriß	48
Positionenspiel	81
Prioritätenspiel	94
Spinnwebanalyse	103
Streitlinie	80
Szenarios	107
Umfragen	98
Visionengalerie	76

Informationen beschaffen

99 Fragen	46
Bildvergleiche	148
Blitzlicht	59
Brainstorming	78
Karten	135
Legenden, Lügen, Vorurteile	101
Mein T-Shirt	52
Polaritätsprofile	111
Positionenspiel	81
Presseschau	51
Projektkritik	57
Umfragen	98

Standpunkt entwickeln

Ampelspiel	91
Bildkartei	116
Buttons und Aufkleber	130
Entscheidungsspiel mit Punkten	87
Identifizieren – Umgang mit Bildern	121
Klassenszene	56
Phantasiereise	84
Plakate	132
Polaritätsprofile	111
Positionenspiel	81
Prioritätenspiel	94
Projektkritik	57
Selbstverpflichtungen	60
Streitlinie	80
Szenarios	107
Umgang mit Symbolen	152
Visionengalerie	76